シェフが旅して出会った、本当に美味しい
## 素朴なフランス郷土菓子

Saint-Denis Café
サン‐ドニ・カフェ

# Préface　はじめに

23歳のとき、「ボンジュール」しか話せなかった料理人の私が、
スポーツバッグひとつ持って、フランスに渡りました。
最初の修行先のレストランはブルゴーニュ地方の
ワインで有名なジュヴレ・シャンベルタンという小さな村。

早々に言葉、仕事のレベルの壁にぶつかり、辛い日々が始まりました。
そんなとき、村に一軒しかないお菓子屋さんや、
挨拶さえしてくれない意地悪なマダムがレジにいるスーパーで
買うお菓子は、疲れた身体に染みるような美味しさでした。
毎日休憩時間に食べる、その甘いお菓子は
当時の日本では見かけたことのないもの、
味わったことがないお菓子ばかり。
これが私と「郷土菓子」との出会いの始まりでした。

一度、レストランの同僚が「家に遊びにおいで！ ご馳走様してあげる！」と、
フランス語もろくに話せない私を招いてくれたことがあります。
何を食べさせてくれるのだろう？ フランス料理かな？ ホールケーキかな？
胸をワクワクさせながら、彼女の家に向かうと、
彼女はフライパンとレシピ本を片手に丸い何かを何枚も何枚も焼き始めました。
その焼いた生地を皿の上に積み重ね、
市販のチョコレートソースをテーブルにどん！ と置いたのです。
最初、それが何か分からなかったのですが、
「クレープだよ。どうぞ召し上がれ！」と彼女がいいました。

私の知っているクレープは
原宿で食べるようなホイップクリームがたっぷりで、
クルクルッとロール状に巻いたものだったので
「これが本場のフランス人が食べるクレープなのかーっ」と
感動したのを覚えています。
何よりも決して裕福ではない同僚が、
ご馳走してくれたことに感激したのを覚えています。
そしてこのクレープも生活のなかで生まれたお菓子だと、あとで知ることになります。

料理修行のため北から南まで各地方のレストランで働きましたが、
さまざまな郷土菓子があることに気づかされました。
その土地ならではの材料や風土から作られるお菓子は
色々な表情を持ち、その土地の文化が詰め込まれています。
当時フランスでは先鋭的で奇抜な料理を出すレストランが流行っていましたが、
「これを学ばなければ！ これを学ぶためにフランスに来たのだ！」と強く思い、
私はなるべく地方の、クラシカルなものを作るお店を選んで働きました。

その土地の郷土料理、郷土菓子を学ぶことにより、
その土地の生活というものに触れられたことが
今では私のいちばんの収穫だったと思います。
大げさかもしれませんが、
そんな料理やお菓子は生活のため、
生きるために作り続けられてきたのだと思います。

この本は私のオリジナリティなどを一切入れることなく、
先人たちが伝え残してくれた伝統菓子を教わった通りに、
学んだ通りに、伝え残すためのレシピ本だと思っています。

多くのフランス菓子を愛する方々が、紹介しているお菓子を作り、
先人たちが残した味を味わっていただけたら幸いです。

Saint-Denis Café　矢作三郎

1　*Champagne-Ardenne*
シャンパーニュ＝アルデンヌ

2　*Lorraine*
ロレーヌ

3　*Alsace*
アルザス

4　*Franche-Comté*
フランシュ＝コンテ

5　*Bourgogne*
ブルゴーニュ

6　*Auvergne*
オーヴェルニュ

7　*Rhône-Alpes*
ローヌ＝アルプ

8　*Provence-Alpes-Côte d'Azur*
プロヴァンス＝アルプ
　＝コート・ダジュール

9　*Corse*
コルス

10　*Languedoc-Roussillon*
ラングドック＝ルーション

11　*Midi-Pyrénées*
ミディ＝ピレネー

12　*Poitou-Charentes*
ポワトゥー＝シャラント

13　*Limousin*
リムーザン

14　*Aquitaine*
アキテーヌ

15　*Centre-Val de Loire*
サントル＝ヴァル・ド・ロワール

16　*Île-de-France*
イル＝ド＝フランス

17　*Pays de la Loire*
ペイ・ド・ラ・ロワール

18　*Bretagne*
ブルターニュ

19　*Basse-Normandie*
バス＝ノルマンディー

20　*Haute-Normandie*
オート＝ノルマンディー

21　*Nord-Pas-de-Calais*
ノール・パ・ド・カレー

22　*Picardie*
ピカルディ

＊2016年フランスは再編成され、22の地方が13になりました。現在はアルザス、ロレーヌ、シャンパーニュ＝アルデンヌは統合されてグラン・テスト（Grand Est）になるなど、全体が大きく様変わりしています。ただブルターニュやサントル＝ヴァル・ド・ロワール、プロヴァンス＝アルプ＝コート・ダジュール、コルスなど、今も変わらない地域もあります。本書は統合前の22の地方で昔から愛されている郷土菓子を紹介しています。

# table des matières 目次

### Champagne-Ardenne
シャンパーニュ＝アルデンヌ

Biscuit Rose de Reims
ビスキュイ・ローズ・ド・ランス　6

### Lorraine
ロレーヌ

Baba au Rhum
ババ・オ・ラム　10

Gâteau au Chocolat de Nancy
ガトー・オ・ショコラ・ド・ナンシー　11

### Alsace
アルザス

Cake Écossais
ケイク・エコセ　12

Kouglof
クグロフ　17

Tarte au Fromage Blanc
タルト・オ・フロマージュ・ブラン　20

Pain d'Épices d'Alsace
パン・デピス・ダルザス　22

### Franche-Comté
フランシュ＝コンテ

Pet de nonne
ペ・ド・ノンヌ　25

### Bourgogne
ブルゴーニュ

Pain d'Épices de Dijon
パン・デピス・ド・ディジョン　28

### Auvergne
オーヴェルニュ

Flognarde aux Pommes
フロニャルド・オ・ポム　30

### Rhône-Alpes
ローヌ＝アルプ

Gâteau Grenoblois
ガトー・グルノーブロワ　34

Biscuit de Savoie
ビスキュイ・ド・サヴォワ　36

### Provence-Alpes-Côte d'Azur
プロヴァンス＝アルプ＝コート・ダジュール

Navette
ナヴェット　38

Colombier
コロンビエ　41

### Corse
コルス

Canistrelli
カニストレリ　42

### Languedoc-Roussillon
ラングドック＝ルーション

Rousquille
ルスキーユ　44

### Gâteaux de blanc d'oeuf
〔卵白のお菓子〕

Croquant
クロッカン　46

Macaron de Nancy
マカロン・ド・ナンシー　48

Macaron de Saint-Émillion
マカロン・ド・サンテミリオン　51

Financier
フィナンシェ　52

### Midi-Pyrénées
ミディ＝ピレネー

Fénétra
フェネトラ　56

### Poitou-Charentes
ポワトゥー＝シャラント

Tourteau Fromagé
トゥルトー・フロマジェ　61

Broyé du Poitou
ブロワイエ・デュ・ポワトゥー　62

### Limousin
リムーザン

Clafoutis Limousin
クラフティ・リムーザン　64

## Aquitaine
アキテーヌ

Cannelé de Bordeaux
カヌレ・ド・ボルドー　67

Dacquoise
ダコワーズ　70

Tarte aux noix du Perigord
タルト・オ・ノワ・デュ・ペリゴール　73

## Centre-Val de Loire
サントル＝ヴァル・ド・ロワール

Tarte Tatin
タルト・タタン　77

## Île-de-France
イル＝ド＝フランス

Paris-Brest
パリ・ブレスト　80

Niflette
ニフレット　83

Pont Neuf
ポン・ヌフ　84

Flan Parisien
フラン・パリジャン　85

Saint Honoré
サン・トノーレ　89

## Pays de la Loire
ペイ・ド・ラ・ロワール

Gâteau Nantais
ガトー・ナンテ　94

## Bretagne
ブルターニュ

Gâteau Breton
ガトー・ブルトン　98

Palets Bretons
パレ・ブルトン　101

Crêpe
クレープ　102

Caramel au beurre salé
キャラメル・オ・ブール・サレ　103

## Basse-Normandie
バス＝ノルマンディー

Sablé Normand
サブレ・ノルマン　104

## Haute-Normandie
オート＝ノルマンディー

Mirliton de Rouen
ミルリトン・ド・ルーアン　107

## Nord-Pas-de-Calais
ノール・パ・ド・カレー

Tarte au Sucre
タルト・オ・シュクル　110

## Picardie
ピカルディ

Macaron d'Amiens
マカロン・ダミアン　115

## —— Recette de Détournement
〔流用のレシピ〕

Pâte Sucrée
パート・シュクレ　118

Pâte Brisée
パート・ブリゼ　120

Pâte à Choux
パータ・シュー　122

Feuilletage Rapide
フイユタージュ・ラピッド　124

Crème Pâtissière
クレーム・パティシエール　126

お菓子を作る前に

○ Recette はレシピ、Astuce は作り方のコツを意味します。
○ オーブンは使う前にしっかり予熱してから焼いてください。
○ 本書で紹介している焼き菓子は家庭用オーブンで焼成する際の温度、時間を紹介しています。オーブンの機種や性能により、差があります。焼き上がりは本書の写真を参考にし、焼き時間や温度は様子をみながら調整してください。
○ ごく少量の分量は「少々」または「ひとつまみ」としています。「少々」は親指と人差し指でつまんだ分量で、「ひとつまみ」は親指と人差し指と中指、3本でつまんだ分量になります。
○ 本書でバターと表記しているものはすべて「食塩不使用」の無塩バターを使っています。

シャンパーニュ＝アルデンヌ
## *Champagne-Ardenne*

フランス北東に位置するシャンパーニュ＝アルデンヌはシャンパンの名産地。
ドン・ペリニヨンやテタンジェ、ヴーヴ・クリコなど、
世界中で愛され、お祝いの席には欠かせない「シャンパン」を名乗る
スパークリングワインは、すべてこの地方で造られています。
そのためお菓子や料理もシャンパンにまつわるものが多く存在します。

ビスキュイ・ローズ・ド・ランス
## Biscuit Rose de Reims

シャンパーニュ地方の中心地、ランスに伝わる薄ピンク色のかわいらしい焼き菓子です。さっくり軽い食感でシャンパンのおともとして楽しまれます。そのまま食べると淡白ですが、シャンパンに浸すとしっとりした質感になり、華やかな風味が広がります。起源は定かではありませんが、パンを焼いたあとの残り火を利用してパン職人がビスキュイを焼いていたようです。風味づけで加えたバニラビーンズの粒を隠すために、カルミン（赤色染料）で淡いピンク色に仕上げたことで今日の形となりました。

( *Recette* )

**材料**（4.5×7.5cmのシャンティーヌ型（深さのあるフィナンシェ型）・20個分）

- 卵黄 … 2個
- グラニュー糖Ⓐ … 80g
- 卵白 … 2個
- バニラビーンズ … ¼本
- グラニュー糖Ⓑ … 15g
- 薄力粉 … 90g
- コーンスターチ … 45g
- ベーキングパウダー … 5g
- 食紅（粉末・赤）… 適量
- 粉糖 … 適量

**下準備**

- 全卵は卵黄と卵白に分ける。
- バニラビーンズはナイフで割ってナイフの背を使って種をしごき出し、その種を指でグラニュー糖Ⓑとすり混ぜてバニラシュガーを作る。
- 直径1cmの丸口金をつけた絞り袋を用意する。
- 型にサラダ油（分量外）を塗る。
- 焼くタイミングに合わせ、オーブンを180℃に予熱する。

**作り方**

1 ボウルに卵黄とグラニュー糖Ⓐを入れ、ハンドミキサーの高速で5分ほど混ぜ、白くもったりさせる。

2 1に卵白半量を加え、ハンドミキサーの高速で3分ほど混ぜる。

3 2にバニラシュガーと食紅を加えてハンドミキサーの高速で均一に色づくまで混ぜる。

4 3に残りの卵白を加え、ハンドミキサーの高速で3分ほど混ぜ、気泡を含んでもったりした液体状にする。

5 4に薄力粉、コーンスターチ、ベーキングパウダーを合わせてふるい入れる。ゴムベラで粉類と液体が馴染み、艶が出てリボン状に落ちる生地になるまでさっくり切るように混ぜる。

6 5の生地を絞り袋に入れ、型に15gずつ絞り入れる。

*Astuce*
・粘り気が強くて広がりにくい生地なので、絞った形が焼き上がりにも影響する。そのためできるだけ均等に絞る。

7 常温で30分ほど置いて生地の表面をならす。オーブンを180℃に予熱する。

8 生地の表面に粉糖をたっぷりふるう。

9 予熱しておいたオーブンで12分ほど焼き、焼けたら型のまま10分ほど置いて粗熱を取る。型と生地の間にナイフを入れて型から外し、ケーキクーラーにのせて冷ます。

ロレーヌ
## Lorraine

ロレーヌはフランス北東に位置し、ヴォージュ山脈を挟んで東側にはアルザスがあります。
地下資源が豊富で重工業が発達し、
西洋プラムであるミラベルをはじめ、果物の栽培も盛んに行われてきました。
18世紀にこの地を治めたスタニスラス・レクチンスキー公は美食家として知られ、
「ババ」や「マドレーヌ」といった今日も親しまれるお菓子が誕生しました。

Baba au Rhum ( *Recette* → p.10 )

Gâteau au Chocolat de Nancy ( *Recette* → p.11 )

# Baba au Rhum
ババ・オ・ラム

スタニスラス・レクチンスキー公が乾燥してしまったブリオッシュを美味しく食べられるよう、マラガワイン（甘口ワイン）に浸して食べたことがババの原型です。「ババ」の名前は、レクチンスキー公の愛読書だった千夜一夜物語の主人公、アリ・ババから取ったともいわれています。またババを有名にしたのは、レクチンスキー公の娘、マリーに仕えていた宮廷料理人のニコラ・ストレール。彼がパリで自身の店『ストレール』（現存するパリ最古のパティスリー）を開いた際に、ババのレシピを改良して販売したところ人気を博すようになりました。ババに似たお菓子にサヴァランがありますが、これは政治家であり、美食家でもあったブリア・サヴァラン（18世紀のフランスで活躍した法律家・政治家）へのオマージュとしてババをもとに作り出されたものです。

( Recette )

材料（直径6cmのセルクル・5個分）

[ 生地 ]
- 強力粉 … 55g
- 薄力粉 … 55g
- ドライイースト … 6g
- グラニュー糖 … 15g
- ぬるま湯（40℃）… 20g
- 塩 … ふたつまみ
- 全卵 … 2個
- バター … 45g

[ シロップ ]
- 水 … 400g
- 茶葉（アールグレー）… 1g
- グラニュー糖 … 320g
- レモンスライス … 3枚
- ラム酒 … 80g

[ クレーム・シャンティ ]
- 生クリーム … 100g
- グラニュー糖 … 10g

ラム酒（仕上げ用）… 適量
アプリコットジャム（仕上げ用）… 適量

下準備
- セルクルの内側にポマード状のバター（分量外）をハケでまんべんなく塗り、一度冷蔵庫で冷やしておく。
- 冷やしたセルクルに打ち粉（分量外）をふって余分な粉をはたき落とし、また冷蔵庫で冷やす。
- 口金をつけない絞り袋とハサミを用意する。
- クレーム・シャンティの生クリームとグラニュー糖をボウルに入れ、ボウルの底を氷水に当てながら軽く角が立つ程度に泡立て、冷蔵庫で冷やす。
- 焼くタイミングに合わせ、オーブンを190℃に予熱する。

作り方

1 生地を作る。小さなボウルにドライイーストを入れ、分量内のグラニュー糖ひとつまみとぬるま湯を加えてよく混ぜる。ラップを被せて30℃程度の温かいところで10分ほど予備発酵させる。プツプツと細かい泡が表面全体を覆ったら予備発酵完了。

2 別のボウルに強力粉と薄力粉を合わせてふるい入れ、1と残りのグラニュー糖、塩、よく溶いた全卵を加え、ゴムベラで粉類と液体を馴染ませる。

3 2をハンドミキサーの高速で、艶と弾力が出てハンドミキサーの羽の軸に絡みつくような粘りが出てくるまで混ぜる。

*Astuce*
・生地のグルテンをしっかり引き出し、焼き上げたときにスポンジのような網目状の構造を作り、シロップをよく吸収できるようにする。

4 バターを500Wの電子レンジで10秒ほど加熱し、よく練ってポマード状にする。3に加えてハンドミキサーの高速でさらに混ぜ、生地全体に馴染ませる。

5 冷蔵庫からセルクルを取り出し、オーブンシートを敷いた天板に並べる。4の生地を絞り袋に入れ、セルクルの1/3程度の高さまで（約50gずつ）絞り、絞り終わりをハサミで切る。

*Astuce*
・粘り気の強い生地なので、ハサミで切り落とすと作業がしやすくなる。

6 大きなポリ袋を天板全体にふんわり被せ、常温で1時間発酵させる。発酵完了の30分前にオーブンを190℃に予熱する。生地がセルクルの2/3程度の高さに達したら発酵完了。生地の上面に霧吹きをして予熱しておいたオーブンで18分ほど茶色に色づくまで焼く。

7 オーブンから取り出して天板ごと台に打ちつけて生地中の熱気を逃がす。セルクルごとケーキクーラーの上で粗熱を取る。粗熱が取れたらセルクルと生地の間にナイフを入れ、セルクルを外す。

8 シロップを作る。鍋に水と茶葉を入れて中火にかける。沸騰したら火を止め、蓋をして5分ほど蒸らす。ボウルに濾しながら移し、グラニュー糖を加えて泡立て器で混ぜ溶かす。レモンスライスを加え、10分ほど置いて香りを移したら取り出す。ラム酒を加えて泡立て器で混ぜる。

9 8のシロップに焼き上げた7を浮かべてシロップを十分に吸わせる。1.5倍ほどの大きさになったらケーキクーラーの上などにのせ、余分なシロップを落とす。

10 9に仕上げ用のラム酒をハケで軽くはたき、ブレンダーでピューレ状にしたアプリコットジャムをハケでまんべんなく塗る。

11 皿に盛り、クレーム・シャンティと好みでラム酒（分量外）を添える。

ガトー・オ・ショコラ・ド・ナンシー
# Gâteau au Chocolat de Nancy

チョコレート菓子の多いロレーヌで、代表的なものがこのガトー・オ・ショコラ・ド・ナンシー。アーモンドパウダー入りのパウンド生地に溶かしたチョコレートを加えます。ナッツとチョコレートの豊かな風味とさっくりと軽い食感が調和したチョコレートケーキです。

*( Recette )*

**材料（直径10cmのクグロフ型・4台分）**

バター … 130g
ダークチョコレート（カカオ分53%）… 130g
グラニュー糖A … 100g
アーモンドプードル … 110g
全卵 … 4個
薄力粉 … 25g
グラニュー糖B … 30g
粉糖（仕上げ用）… 適量

**下準備**

○ アーモンドプードルをバットに入れ、170℃に温めたオーブンで15分ほどローストする。こんがりした茶色に色づくまで焼き上げ、香ばしさをしっかり引き出す。
○ 全卵は卵黄と卵白に分け、卵白は水気をふいた清潔なボウルに入れて冷蔵庫で冷やす。
○ 型の内側にポマード状のバター（分量外）をハケでまんべんなく塗り、冷蔵庫で冷やしておく。
○ 冷やした型に打ち粉（強力粉）をふって余分な粉をはたき落とし、また冷蔵庫で冷やす。
○ 焼くタイミングに合わせ、オーブンを150℃に予熱する。

**作り方**

1　バターは1.5cm程度の厚さに切って500Wの電子レンジで20秒ほど加熱し、ボウルに移してポマード状にやわらかく練る。オーブンを150℃に予熱する。
2　別のボウルにダークチョコレートを入れ、湯煎（50℃）にかけて溶かして33℃程度に温める。
3　1に2を一度に加えて泡立て器でよく混ぜる。
4　グラニュー糖Aとローストしたアーモンドプードルを合わせて3にふるい入れ、泡立て器でよく混ぜる。
5　よく溶きほぐした卵黄を3回程度に分けて4に加え、その都度泡立て器でよく混ぜる。
6　メレンゲを作る。ハンドミキサーの高速で卵白のコシを切る。粗い泡ができて白くなり始めたらグラニュー糖B 1/3量を加え、高速で混ぜる。羽の跡がつき始めてやや艶が出てきたら、残りのグラニュー糖半量を加えて再度高速で混ぜる。羽の跡がくっきりつくまで泡立てたら、残りのグラニュー糖をすべて加えて低速に落としてキメを整え、艶があり、きめ細かで角がしっかり立つメレンゲにする。
*Astuce*
・混ぜ過ぎるとボソつくので注意する。
7　5に薄力粉をふるい入れて泡立て器で混ぜる。
8　ゴムベラに持ち替え、7にメレンゲを2回に分けて加える。生地とメレンゲがよく馴染むようにボウルの側面に押しつけるようにして混ぜる。艶のあるもったりした生地になればよい。
*Astuce*
・気泡を消しながら混ぜるようすることで、焼いた際に生地が浮き過ぎるのを防いで軽い食感のチョコレートケーキに仕上がる。
9　冷蔵庫から型を取り出し、生地を170gずつ量り入れ、型の底を台に打ちつけて表面をならす。
10　予熱しておいたオーブンで40〜50分焼く。竹串を刺して生地がついてこなくなればよい。焼き上がったら型のまま粗熱を取り、ひっくり返して型から外し、ケーキクーラーの上で冷ます。仕上げにうっすらと粉糖をふる。

アルザス
## *Alsace*

フランス北東のアルザス地方はドイツと国境を接し、
両国による領土争いが繰り返された歴史があります。
フランスとドイツの文化が融合したことで、地方料理や菓子にはもちろん、
クリスマスにまつわるお菓子やクリスマスマーケットなどにも、
ドイツ文化の影響が色濃く見受けられます。

ケイク・エコセ
## Cake Écossais

ドイツやオーストリアといった隣国の影響を受けたアルザスのお菓子。ドイツではレーリュッケン（鹿の背中）と呼ばれます。その名の由来は、このお菓子に使用する波打った半円の型が鹿の背中に似ているからだとか。アーモンドをふんだんに使っているのが特徴で、表面はアーモンドダイスで飾り、生地はココア風味のダコワーズ生地とバターの香るアーモンド生地の二層仕立てとなっています。

*( Recette )*

### 材料（長さ30cmのトヨ型・1台分）

[ アーモンド生地 ]
- バター … 110g
- グラニュー糖 … 150g
- 全卵 … 2個
- アーモンドプードル … 100g
- 薄力粉 … 25g
- 塩 … 3つまみ

[ ダコワーズ生地 ]
- 卵白 … 120g
- グラニュー糖 … 120g
- アーモンドプードル … 110g
- ココアパウダー … 30g

アーモンドダイス … 適量

### 下準備
○ アーモンド生地の全卵は殻のまま40℃程度の湯につけて人肌程度に温める。
○ ダコワーズ生地の卵白は水気をふいたきれいなボウルに入れ、冷蔵庫で冷やす。
○ トヨ型の内側にポマード状のバター（分量外）をハケでやや厚めに塗り、アーモンドダイスをまんべんなくふり、余分なダイスはふり落として冷蔵庫で冷やす。
○ 直径1cmの丸口金をつけた絞り袋を2つ用意する。
○ 焼くタイミングに合わせ、オーブンを170℃に予熱する。

### 作り方

1 アーモンド生地を作る。バターは溶かさないように注意しながら500Wの電子レンジに10秒ずつかけてやわらかくする。

2 ボウルに1とグラニュー糖を入れ、泡立て器で白っぽくなるまで混ぜる。温めておいた全卵を溶きほぐし、4回に分けて加え、その都度よく混ぜながら乳化させる。
*Astuce*
・マヨネーズのようになめらかで艶のある状態にする。
・もしバターがかたまって分離したら湯煎に当てたり外したりしてバターをゆるめながら、やさしく混ぜて再度乳化させる。

3 2にアーモンドプードル、薄力粉、塩を合わせてふるい入れ、ゴムベラで全体が馴染むように混ぜ、冷蔵庫で冷やす。オーブンを170℃に予熱する。

4 ダコワーズ生地を作る。冷やしておいた卵白をハンドミキサーの高速で混ぜる。粗い泡が立ち始めたら、グラニュー糖⅓量を加えてさらに混ぜる。艶が出てきてうっすらと羽の跡が残り始めたら、残りのグラニュー糖半量を加えて再度高速で混ぜる。羽の跡がくっきり残るようになったら残りのグラニュー糖をすべて加えて高速で混ぜ、低速に落としてキメを整え、艶があり、角がしっかり立つメレンゲにする。

5 アーモンドプードルとココアパウダーを合わせて4にふるい入れ、気泡を消さないようゴムベラでさっくり切るように混ぜる。

6 でき上がったダコワーズ生地を絞り袋に入れる。トヨ型の内側全体に1cm厚さになるように隙間なく絞り、ゴムベラで凹凸をやさしくならす。
*Astuce*
・底面、左右側面、前後の面の順で絞っていくと均等に絞りやすい。

7 冷やしておいた3の生地をもうひとつの絞り袋に入れ、6の内側にやさしく絞り入れる。
*Astuce*
・火が入りやすいように真ん中を凹ませるとよい。

8 予熱しておいたオーブンで1時間焼く。途中表面が焦げそうならアルミ箔を被せてじっくり火を入れる。

9 オーブンから取り出し、粗熱が取れるまで型ごと冷ます。型と生地の間にナイフを入れて外しやすくしてからケーキクーラーを当て、ひっくり返して型から外す。

Kouglof ( *Recette* → p.17 )

*Alsace*

アルザス

Alsace ── アルザス

クグロフ

# Kouglof

アルザスのパティスリーやブーランジェリーには必ずといっていいほど置いているクグロフ。その誕生には諸説あり、キリスト生誕を祝うためにベツレヘム（イエス・キリスト生誕の地に建つとされる聖誕教会がある地区）への道中にあった、東方の三博士（聖書に登場する人物で、キリストに黄金、乳香、没薬を贈ったとされる賢者）がアルザスの陶器職人・クーゲルに宿のお礼にと焼いたお菓子が始まりとも伝えられています。今でもクリスマスやお祝いの日などの特別な日に食べられているお菓子です。

*( Recette )*

材料（直径18cmのクグロフ型・1台分）
[ 生地 ]
　牛乳Ａ … 40g
　ドライイースト … 8g
　グラニュー糖Ａ … 1g
　強力粉 … 125g
　薄力粉 … 125g
　塩 … 5g
　グラニュー糖Ｂ … 60g
　牛乳Ｂ … 120g
　卵黄 … 4個
　バター … 150g
[ ラムレーズン ]
　レーズン … 130g
　ラム酒 … 60g
アーモンド … 適量
溶かしバター（仕上げ用）… 適量
粉糖（仕上げ用）… 適量

下準備
○ レーズンは湯通しして水気をきり、ラム酒にひと晩漬けてラムレーズンを作っておく。
○ 生地の卵黄とバターは常温に戻し、バターはポマード状に練る。
○ 型の内側にポマード状のバター（分量外）をハケでまんべんなく塗り、底の溝に仕上げ用のアーモンドをはりつけ、冷蔵庫に入れて冷やす。
○ 焼くタイミングに合わせ、オーブンを200℃に予熱する。

作り方

1　生地を作る。牛乳Ａを人肌程度に温める。小さなボウルにドライイーストとグラニュー糖Ａを入れ、温めた牛乳を少しずつ加えながら混ぜる。ラップを被せ、30℃程度の温かいところで10分ほど予備発酵させる。プツプツと細かい泡が表面全体を覆ったら予備発酵完了。

2　大きめのボウルに強力粉と薄力粉を合わせてふるい入れ、塩とグラニュー糖Ｂを加え、木ベラで軽く混ぜる。

3　牛乳Ｂを人肌程度に温め、違うボウルに卵黄を入れて温めた牛乳を加え混ぜる。

4　粉類が入ったボウルに1と3を加えて木ベラで混ぜ、馴染んだらかき混ぜるようにして生地を捏ねる。

*Astuce*
・混ぜ続けるとドロッとしていた生地に弾力が出て、徐々に力が必要になってくる。さらに混ぜ続けると生地に艶が出て、表面が少しなめらかになり、木ベラで持ち上げるとブルンとした触感になる。

5　生地の表面を両手でつまんでのばすと薄い膜がかろうじて張る程度になったら（すぐに破けてもよい）、ポマード状に練ったバターを加え、再度捏ね続ける。

*Astuce*
・バターの油脂でグルテンが弱まるので、混ぜて再度グルテンを引き出す。

6　バターが馴染んで生地全体に弾力が戻ったら、ラムレーズンを加えて潰さないようにやさしく混ぜて全体に行き渡らせる。

7　生地の表面を張らせるようにゴムベラを使って生地の縁をボウルの底に入れ込む。ボウルにラップを被せて30℃程度の温かい場所で2時間ほど一次発酵させる。

8　生地が膨らみ、1.5倍ほどの大きさになったらパンチしてガスを抜き、もう一度ラップを被せて冷蔵庫で30分ほど冷やす。

*Astuce*
・生地がやわらかくて型に入れづらいため、冷やして少しかためる。

9　打ち粉（分量外）をふった台に生地を出し、型の幅に合わせて丸める。生地の中央に指で穴をあけて広げて型に入れ、同じ高さになるよう生地の表面を軽くならす。

10　型にラップを被せ、30℃程度の温かいところで1時間45分ほど二次発酵させる。発酵完了の30分前にオーブンを200℃に予熱する。

11　生地が型の⅔程度の高さまで膨らんだら、予熱しておいたオーブンで30分ほど焼く。

12　オーブンから取り出して型ごと粗熱を取り、型の中央の穴の縁に細いナイフを入れて生地を離れやすくしてからケーキクーラーを当て、ひっくり返して型から外す。

13　生地の表面にハケで溶かしバターをまんべんなく塗り、粉糖をふる。

Alsace ── アルザス

Tarte au Fromage Blanc ( *Recette* → p.20 )

タルト・オ・フロマージュ・ブラン

# Tarte au Fromage Blanc

チーズをそのまま食べることの多いフランスでは珍しいチーズケーキですが、ドイツの影響を受けたアルザスならではのお菓子です。ドイツではチーズケーキをケーゼ・クーヘンといい、クワルクというフレッシュチーズが使われます。アルザスでもフロマージュ・ブランという、似たようなフレッシュタイプのチーズで大きなタルト・オ・フロマージュ・ブランが作られ、親しまれています。

( Recette )

材 料 （ 直径18cmの共底のケーキ型・1台分 ）

**パート・シュクレ（p.118）** … 300g
［ アパレイユ ］
　全卵 … 3個
　バニラビーンズ … ½本
　グラニュー糖Ⓐ … 60g
　フロマージュ・ブラン … 450g
　レモンの皮のすりおろし … ½個分
　コーンスターチ … 20g
　グラニュー糖Ⓑ … 50g
粉糖（仕上げ用）… 適量

下 準 備

○ 打ち粉（分量外）をふった台にパート・シュクレを出し、麺棒で厚さ4mm、直径30cmの円形にのばす。
○ のばした生地をたゆませながら型の上に被せ、まず型の底面の角に生地を指で押しつけながら1周し、次に型の側面に生地を押し当てながら敷き込んで型ごとラップで包んで冷蔵庫で2時間以上休ませる。
○ 全卵は卵黄と卵白に分け、卵白は水気をふいたきれいなボウルに入れ、冷蔵庫で冷やす。
○ バニラビーンズはナイフで割り、ナイフの背で種をしごき出して指でグラニュー糖Ⓐとすり混ぜてバニラシュガーを作る。
○ 焼くタイミングに合わせ、オーブンを180℃に予熱する。

作り方

1　オーブンを180℃に予熱する。
2　型を冷蔵庫から取り出し、型からはみ出た部分を切り落とす。底面にフォークでピケし、再度ラップで包んで冷蔵庫で冷やす。
3　ボウルにフロマージュ・ブラン、バニラシュガー、レモンの皮を加えて泡立て器でよく混ぜる。
4　3に卵黄を2回に分けて加え、その都度泡立て器でよく混ぜる。
5　4にコーンスターチをふるい入れ、同様に混ぜる。
6　冷やした卵白のボウルを傾けて下に溜まってくる卵白をほぐすようにスナップを効かせて泡立て器を大きく動かして泡立てる。大きかった泡が細かくなり、少しお辞儀する程度のかたさになったら、グラニュー糖Ⓑ⅓量を加え、泡立て器をボウルの側面に沿わせるように手早く回し混ぜる。キメが細かくなり、艶が出たら残りのグラニュー糖半量を加えて同様に混ぜる。泡のキメが整ってきたら残りのグラニュー糖をすべて加え混ぜ、角がしっかり立つメレンゲにする。
7　冷やしていた型を冷蔵庫から取り出し、ラップを外す。
8　5のボウルに6のメレンゲ半量を加え、生地を底からすくい上げるようにゴムベラを動かして手早く切り混ぜる。メレンゲがまだ少し残っているうちに、残りのメレンゲを加え、艶が出て、プルッとした質感の生地になるまで混ぜる。
*Astuce*
・メレンゲの気泡を壊し過ぎないように手早く行う。
・ボウルの底に混ざりきっていない生地やメレンゲのかたまりが残りやすいので、ときおりゴムベラで底からすくい上げるように混ぜる。
9　型に生地を流し入れ、台に3回程度底を打ちつけて粗い気泡を抜き、予熱したオーブンで35分ほど焼く。生地の表面が茶色く色づき、まっすぐ上に膨らんで型からはみ出るようになる。
10　オーブンの温度を160℃に落とし、さらに25分焼く。
11　竹串で生地の中央を刺して生地がついてこないことを確認し、型ごと粗熱を取る。膨らんでいた生地が徐々に沈んで型の縁と同じ高さになったらタルトの上面にケーキクーラーを当ててひっくり返して型ごと冷ます。
12　タルト生地に少しやわらかさが残っている段階で逆さまのまま型を外し、タルトの底に皿や天板を当ててひっくり返し、生地をはがさないようにケーキクーラーをゆっくり外す。完全に冷めたら冷蔵庫で冷やす。仕上げにうすっすらと粉糖をふる。
*Astuce*
・ひっくり返して冷ますことで生地中の気泡が潰れず残るので、生地が凹み過ぎず、軽やかな食感が生まれる。

パン・デピス・ダルザス
# Pain d'Épices d'Alsace

パン・デピスといえば、ブルゴーニュのディジョンのものが有名ですが、アルザス
のそれはドイツのレープクーヘンによく似ています。もともとは修道院で作られてい
たお菓子で、クッキーのように平たく、ハートや星など形も大きさもさまざまで、スパ
イスとはちみつの味が特徴です。オレンジピールやナッツなどを入れて作ることもし
ばしば。アイシングで表面に絵や文字を描いて飾りにも使われます。子どもの守
護聖人であるサン・ニコラの命日やクリスマスシーズンに食べられるお菓子です。

( *Recette* )

材料（8cmのハート型・18枚分）

[ 生地 ]
　薄力粉 … 500g
　ベーキングパウダー … 8g
　グラニュー糖 … 200g
　シナモンパウダー … 15g
　アニスパウダー … 1.5g
　クローヴパウダー … 0.5g
　ナツメグパウダー … ひとつまみ
　はちみつ … 250g
　水 … 50g

[ グラス・ロワイヤル ]
　粉糖 … 120g
　卵白 … 20g

下準備
○ 焼くタイミングに合わせ、オーブンを180℃に
　予熱する。

作り方

1　ボウルに薄力粉をふるい入れ、ベーキングパウダー、
　グラニュー糖、スパイス類を加えてゴムベラで均一に
　なるように混ぜる。

2　1にはちみつを加え、ゴムベラで粉類に行き渡るよう
　に混ぜる。

3　2に水を加えてゴムベラである程度馴染ませたら手で
　捏ね、水分と粉を馴染ませるように混ぜる。でき上がっ
　た生地はペタペタするが手にはつかない。ラップで包
　み、常温で1時間ほど休ませる。

4　オーブンを180℃に予熱する。

5　打ち粉（分量外）をふった台に生地を出し、麺棒で
　1cm厚さにのばす。打ち粉（分量外）をつけた抜型で
　型抜きし、オーブンシートを敷いた天板に間隔をあけ
　て並べる。

6　予熱したオーブンで15〜20分焼く。生地全体がふっ
　くらと膨らみ、茶色い生地が乾いて白みがかった薄茶
　色になれば焼き上がり。オーブンから取り出し、ケー
　キクーラーにのせて冷ます。

7　グラス・ロワイヤルを作る。ボウルに粉糖と卵白を入れ、
　ゴムベラで混ぜて馴染ませたらハンドミキサーの高速
　で混ぜ、空気を含んでもったりするまで泡立てる。

8　7をオーブンシートなどで作ったコルネに入れる。コル
　ネの先端をハサミで切り、好みの模様を生地の上に
　描いて乾かす。

*Franche-Comté*

フランシュ=コンテ

フランシュ＝コンテ
## *Franche-Comté*

フランシュ＝コンテはフランスの東、
スイスと国境を接するジュラ山脈に沿って伸びる自然豊かな地域です。
フランス最大のチーズ生産量を誇るコンテというチーズの産地として有名なほか、
長期熟成を要する個性的なワインのヴァン・ジョーヌの産地でもあります。

ペ・ド・ノンヌ
## Pet de nonne

「尼さんのおなら」というユニークな名前の小さな揚げシューです。その誕生には諸説ありますが、修道院で厨房を手伝っていた修道女がおならをしてしまい、恥ずかしさのあまりに誤って生地を鍋に落としたことから生まれたともいわれています。揚げ立ての熱々は外側がさっくりして中身がとろけるようにやわらかくて美味しいので、ぜひこの瞬間に味わってほしいお菓子です。

( *Recette* )

材料（直径4cm・約30個分）

薄力粉 … 140g
グラニュー糖 … 50g
塩 … 3g
バター … 50g
牛乳 … 240g
全卵 … 3個
オレンジの皮のすりおろし … 1個分
サラダ油 … 適量
粉糖（仕上げ用）… 適量

下準備
○ 全卵はボウルに溶きほぐして常温にする。
○ 薄力粉はふるう。
○ サラダ油を深さのある鍋に入れ、揚げる用意をする。

作り方

1 鍋にグラニュー糖、塩、バター、牛乳を入れ、中火にかけてバターを溶かす。バターが溶けたら強火にして沸き立つまで沸騰させる。
*Astuce*
・バターが完全に溶けた状態でしっかり沸騰させる。

2 火を止め、鍋にふるった薄力粉を一度に加えて木ベラでダマが残らないようによく混ぜる。

3 2の鍋を再度中火にかけ、木ベラで生地を鍋底に広げたりまとめたりして火を通す。白かった生地がやや薄黄色になり、少しだけ透き通るような感じになったら火から下ろしてボウルに生地を移す。
*Astuce*
・通常のシュー生地よりも砂糖の量が多く、生地が焦げつきやすいので注意する。

4 鍋に入れておいたサラダ油を170℃程度に温める。

5 3に溶いた全卵1/3量を加え、生地と馴染ませるように手早く木ベラで切り混ぜる。残りの卵液を生地のかたさを見ながら数回に分けて加える。
*Astuce*
・木ベラで生地をすくって傾けて落としたときに垂れ下がった生地が逆三角形になるのがちょうどよいかたさの目安。

6 5のシュー生地にオレンジの皮を加え、木ベラで全体に行き渡るよう混ぜる。

7 温めた油にスプーンでシュー生地をすくって指で落とす。ぷっくり膨れて茶色く色づいたら裏返してさらに揚げる。膨れた生地が割れたタイミングで油からすくってケーキクーラーの上に出す。
*Astuce*
・膨れたからといってすぐに油からすくい上げてしまうとしぼむので、膨らみきって割れる程度までしっかり揚げる。

8 たっぷり粉糖をふり、皿に盛る。

ブルゴーニュ

## *Bourgogne*

ブルゴーニュはフランス中東に広がる地方で、
コート・ドール（黄金の丘）と呼ばれる地域を中心に良質のワインを産することで有名です。
ワインをふんだんに使った料理や、ぶどう畑に生息するエスカルゴなど
ワインにまつわる産物が多いほか、シャロレー牛やチーズも特産。
さらに歴史的に交易の要衝であったことから東洋の香辛料が早くから流通し、
そうしたスパイスを贅沢に使ったパン・デピス・ド・ディジョンというお菓子も名物となっています。

Pain d'Épices de Dijon ( *Recette* → p.28 )

パン・デピス・ド・ディジョン

# Pain d'Épices de Dijon

「スパイスのパン」というその名の通り、さまざまなスパイスを使った焼き菓子で、ブルゴーニュの中心都市、ディジョンの銘菓です。このお菓子の起源は10世紀の中国で作られていた小麦粉とはちみつを使った菓子、ミ・コンだとされており、それがアラブからヨーロッパへ伝わっていく過程でスパイスが加わったようです。今ではフランス全土に広まり、パウンド型のものが多くみられますが、アルザスのようなクッキー型のものや、中にジャムを詰める小さな丸型のノネット（修道女）というものなど、さまざまなパン・デピスが存在します。

( Recette )

**材料**（17×8×高さ5cmのパウンド型・1台分）

オレンジピール（砂糖漬け）… 35g
牛乳 … 50g
バター … 30g
はちみつ … 100g
薄力粉 … 65g
ライ麦粉 … 65g
ベーキングパウダー … 5g
ジンジャーパウダー … 3g
シナモンパウダー … 3g
アニスパウダー … 1g
コリアンダーパウダー … 1g
クローヴパウダー … 少々
全卵 … 1個
カソナード* … 40g
アプリコットジャム（仕上げ用）… 50g
＊カソナードとはさとうきび100%のフランス生まれの茶色い砂糖。はちみつやバニラのような独特の香りと味わい深い甘さが特徴です。

**下準備**

○ 型にオーブンシートを敷く。
○ オレンジピールは5mm角に切り、強力粉（分量外）を薄くまぶす。
○ 薄力粉、ライ麦粉、ベーキングパウダー、スパイス類は合わせてふるう。
○ はちみつは500Wの電子レンジで10秒ほど加熱し、やわらかくする。
○ 耐熱容器に牛乳とバターを入れ、500Wの電子レンジで1分ほど加熱してバターを溶かす。
○ 焼くタイミングに合わせ、オーブンを170℃に予熱する。

**作り方**

1 オーブンを170℃に予熱する。ボウルに全卵を割り入れて泡立て器で溶きほぐし、カソナードを加えて泡立て器で混ぜ溶かす。やわらくしたはちみつを加えてさらに混ぜる。

2 ふるった粉類を加えて泡立て器でムラなくさっくり混ぜる。

3 溶かしたバターと牛乳を加えてさらに混ぜる。

4 オレンジピールを加え、ゴムベラに持ち替えて混ぜる。

5 型に生地を流し入れ、予熱しておいたオーブンで40分ほど焼く。途中20分ほどしたらオーブンから一度取り出し、少し焼きかたまった表面の中央にナイフで線を1本入れ、オーブンに戻してさらに20分焼く。

6 焼けたら型ごと台に打ちつけて熱気を逃がし、型から外してケーキクーラーの上で冷ます。

7 小鍋にアプリコットジャムを入れて沸かし、ハケでケーキの表面に塗って乾かす。

オーヴェルニュ
# *Auvergne*

オーヴェルニュはフランス内陸中央にある火山の連なる山岳地帯です。
気候が厳しく土地がやせているため、農業よりも牧畜が盛んで
肉類の加工品や歴史の古いチーズが生産されています。
ゆえに料理やお菓子も素朴で力強さが感じられるものが多いです。
また昔からパリなどの都市部に出稼ぎに出る人も多く、
創意工夫たくましく、パリでカフェを発展させた多くは
オーヴェルニュ出身者という説もあります。

フロニャルド・オ・ポム
# Flognarde aux Pommes

フロニャルドはオーヴェルニュなどフランス内陸部の広い地域で作られ、素朴ながら地域特産の果物を存分に味わえるお菓子です。深めの型にクレープのような生地を流し、りんごや洋梨などの果物を並べて焼き上げるだけで、やさしい生地の風味と果物の甘味が調和した味わい深いお菓子になります。材料がシンプルなだけに高めの脂肪分の生クリームを使うと、リッチな味わいになります。

( *Recette* )

材料 ( 直径18cmの共底のケーキ型・1台分 )
りんご … 2個
生クリーム（乳脂肪分47%）… 90g
牛乳 … 115g
全卵 … 70g
バニラビーンズ … 2cm
グラニュー糖 … 60g
薄力粉 … 30g

下準備
○ 型の内側にポマード状のバター（分量外）を
ハケでまんべんなく塗り、冷蔵庫で冷やす。
○ バニラビーンズはナイフで割り、ナイフの背で
種をしごき出し、グラニュー糖とすり混ぜてバ
ニラシュガーを作る。
○ 焼くタイミングに合わせ、オーブンを220℃に
予熱する。

作り方
*1* オーブンを220℃に予熱する。りんごは皮をむいて8等分のくし形に切り、芯を取る。さらに7〜8mm厚さのいちょう切りにする。
*2* ボウルに生クリーム、牛乳、全卵を入れ、泡立て器で混ぜる。
*3* 別のボウルに薄力粉をふるい入れ、バニラシュガーを加えて軽く混ぜ、2を⅓量ずつ加え、その都度泡立て器でよく混ぜる。
*4* 型に3を50g程度流し入れ、りんごを敷き詰め、残りの3をすべて加える。
*5* 予熱しておいたオーブンで30分ほど焼く。
*6* オーブンから取り出し、ケーキクーラーの上で粗熱を取って型から外す。

Rhône-Alpes ─

ローヌ゠アルプ

ローヌ＝アルプ
## *Rhône-Alpes*

フランス南東にあるローヌ＝アルプは、
ヨーロッパアルプスの最高峰モン・ブランやレマン湖など雄大な自然に囲まれ、
冬季オリンピックの舞台となった街も多いほか、
大都市リヨンは美食の町としても知られます。
山岳地帯はじゃがいもなどの根菜、畜産・酪農製品が料理に多用され、
アプリコットやチェリーなどの果物やくるみも特産物です。

Gâteau Grenoblois ( *Recette* → p.34 )

ガトー・グルノーブロワ

# Gâteau Grenoblois

ローヌ゠アルプ地方の山に囲まれた風光明媚な都市グルノーブルは、フランスとスイス、イタリアを結ぶ交通の要衝であり、フランスを代表する学術都市でもあります。この都市のあるドフィネ地方は、良質のくるみの産地としても有名で、それを使ったお菓子も多く、これもそのひとつです。軽やかな食感ながらもくるみの香ばしさが感じられる、おもしろいバランスのお菓子です。

( Recette )

材料（直径18cmのマンケ型・1台分）

[ 生地 ]
　くるみ … 125g
　全卵 … 3個
　グラニュー糖Ａ … 90g
　インスタントコーヒー … 3g
　湯 … 12g
　コーンスターチ … 40g
　グラニュー糖Ｂ … 20g
[ グラス・ア・ロー ]
　粉糖 … 100g
　紅茶程度の薄いコーヒー液 … 15g
くるみ（仕上げ用）… 8粒

下準備
○ 型の内側に溶かしバター（分量外）をハケでまんべんなく塗り、一度冷蔵庫で冷やす。
○ 冷やした型に打ち粉（分量外）をふって余分な粉をはたき落とし、また冷蔵庫で冷やす。
○ 卵は卵黄と卵白に分け、卵白は水気をふいたきれいなボウルに入れ、冷蔵庫で冷やす。
○ インスタントコーヒーを湯で溶いてコーヒー液を作る。
○ 焼くタイミングに合わせ、オーブンを170℃に予熱する。

作り方

1 くるみはフードプロセッサーで粗く粉砕する。途中で回転を止めてはゴムベラで混ぜ、ムラができないようにパラパラとした粗めの粉にする。オーブンを170℃に予熱する。

*Astuce*
・フードプロセッサーにかけ過ぎると、粉がかたまりになってしまうので注意する。

2 ボウルに卵黄とグラニュー糖Ａを入れ、高速のハンドミキサーで白っぽくもったりするまで混ぜる。

3 インスタントコーヒーと湯を混ぜたコーヒー液を加え混ぜ、さらにコーンスターチを加えて粉が飛び散らないよう回転させずにハンドミキサーの羽で卵液と馴染ませてから高速で混ぜる。

4 1のくるみを加え、ゴムベラに持ち替えてねっとり重たいペースト状に混ぜる。ハンドミキサーの羽はきれいに洗い、水気をよくふき取る。

5 卵白のボウルを冷蔵庫から取り出す。ハンドミキサーの高速でコシを切り、粗い泡ができて白くなり始めたら、グラニュー糖Ｂ⅓量を加え混ぜる。羽の跡がつき始めて艶が出てきたら、残りのグラニュー糖半量を加えてさらに高速で混ぜる。羽の跡がはっきりして艶が出たら、残りのグラニュー糖をすべて加えて低速に落としてキメを整え、艶があり、きめ細かで角がしっかり立つメレンゲにする。ゴムベラに持ち替えて4の生地にメレンゲを2回に分けて加え、その都度ゴムベラで底から返して切るように混ぜる。

*Astuce*
・重かった生地が少しフワッとなり、リボン状に垂れるようになればよい。

6 冷蔵庫から型を取り出し、生地を流し入れる。台に底を打ちつけるようにして生地の表面をならし、予熱しておいたオーブンで40分ほど焼く。

*Astuce*
・40分ほどで焼き上がるが、膨らんだからといってオーブンからすぐに出すと焼きが不十分の場合、あとでしぼみ、焼き過ぎると焼き縮みを起こすので注意する。
・型から生地が少し離れ、膨らんだ生地をやさしく押して弾力がある状態ならよい。押したときにシュワッと感じるのはまだ焼けていないので、もう少し焼き足す。

7 型ごと台に打ちつけて熱気を逃がし、ケーキクーラーを当ててひっくり返して型を外し（型の底面が上になる）、粗熱を取る。

8 グラス・ア・ローを作る。粉糖にコーヒー液を加え、ゴムベラで混ぜてよく馴染ませる。垂らしたときに細くリボン状に重なるようになればちょうどよい濃度。かたい場合はコーヒー液を適宜足して調整する。

9 冷ました7の上面に8を流し、パレットで生地の縁まで広げる。乾かないうちに上に仕上げ用のくるみを飾る。

ビスキュイ・ド・サヴォワ

# Biscuit de Savoie

ビスキュイ・ド・サヴォワはフランス南東、雄大なアルプスを望む
サヴォワ地方の伝統的な焼き菓子です。その誕生は古く、14世紀
まで遡るとされています。卵、砂糖、小麦粉、コーンスターチの
みで作る、軽やかな食感とやさしい卵の風味が特徴です。

*( Recette )*

**材料（直径18cmのクグロフ型・1台分）**

全卵 … 3個
グラニュー糖 … 100g
薄力粉 … 35g
コーンスターチ … 35g
粉糖（仕上げ用）… 適量

**下準備**

○ 型の内側にポマード状のバター（分量外）をハ
ケでまんべんなく塗り、一度冷蔵庫で冷やす。
○ 冷やした型に打ち粉（分量外）をふって余分
な粉をはたき落とし、また冷蔵庫で冷やす。
○ 全卵は卵黄と卵白に分け、卵白は水気をふ
いたきれいなボウルに入れ、冷蔵庫で冷やす。
○ 薄力粉とコーンスターチは合わせてふるう。
○ 焼くタイミンに合わせ、オーブンを160℃に予
熱する。

**作り方**

1 オーブンを160℃に予熱する。卵白はハンドミキサー
の高速でコシを切る。粗い泡ができて白くなり始めたら、
グラニュー糖⅓量を加え、高速で混ぜる。羽の跡が
つき始めて艶が出てきたら、残りのグラニュー糖半量
を加えて高速で混ぜる。羽の跡がはっきりとして艶が
出たら、残りのグラニュー糖をすべて加えて高速で混
ぜ、角が立つしなやかなメレンゲにする。

2 1によく溶きほぐした卵黄を一度に加えてハンドミキサー
の高速で泡立てる。メレンゲがややゆるむが、すくっ
て落とすとリボン状に垂れ落ちるかたさの卵液にする。

3 2にふるった粉類を2回に分けて加え、その都度ゴム
ベラでボウルの底から返すようにさっくり切るように混
ぜる。
*Astuce*
・ボウルの底に混ざりきっていない粉やメレンゲのかたまりが
残りやすいので、ときおりゴムベラで底からすくい上げるよう
に混ぜる。

4 粉気がなくなって艶のある生地ができ上がったら、冷
蔵庫から型を取り出して生地を流し入れる。型の底を
台に打ちつけて表面をならし、粗い気泡を抜く。

5 予熱したオーブンで40分ほど焼く。こんもり膨らんだ
生地が少し縮み始めたら、焼き上がり。竹串を刺し
て生地がついてこないことを確認し、型の底を台に打
ちつけて熱気を逃がす。ケーキクーラーを当て、ひっ
くり返して型を外して冷まし、全体にうっすらと粉糖を
ふる。

プロヴァンス=アルプ=コート・ダジュール
## *Provence-Alpes-Côte d'Azur*

プロヴァンス地方はフランス南東の地中海沿岸にあり、年間を通じた温暖な気候と多様な自然の美しい景観に恵まれ、リゾート地としても人気です。恵まれた気候を生かし、プロヴァンス料理に欠かせないトマトやオリーブをはじめ、さまざまな野菜やハーブ、メロンやレモンなどの果物の栽培も盛んです。こうした果物は砂糖漬けにし、お菓子作りにもよく使われます。

ナヴェット
## Navette

ナヴェットはマルセイユで2月2日の聖母のお清めの日に食べられる、小舟(ナヴェット)の形をしたクッキーです。18世紀末、小舟でマルセイユの港に流れ着いた聖母マリアの木像の伝説を風化させないために作られたといわれています。小麦粉にオレンジの花の水とオリーブオイルを練り込んだ、かた焼きクッキーで、船乗りたちのお守り兼保存食でもあるそうです。今回はオレンジの花の水の代わりに、コアントローを使います。

*( Recette )*

材料 ( 長さ12cm・17個分 )
薄力粉 … 260g
ベーキングパウダー … 2g
全卵 … 1個
グラニュー糖 … 130g
オレンジの皮のすりおろし … 1個分
エクストラバージンオリーブオイル … 25g
コアントロー … 15g
牛乳 … 適量

下準備
○ 薄力粉とベーキングパウダーは合わせてふるう。
○ 焼くタイミングに合わせ、オーブンを175℃に予熱する。

作り方
1 ボウルに全卵とグラニュー糖を入れ、ハンドミキサーの中速で白くもったりするまで泡立てる。
2 1にオレンジの皮、エクストラバージンオリーブオイル、コアントローを加え、泡立て器で混ぜる。
3 2にふるった粉類1/4量を加えて泡立て器で馴染ませ、さらに残りの粉類を加えてゴムベラで切るように混ぜる。
4 粉に水分が馴染んで塊ができたら手で捏ね、ムラのない生地にする。生地をまとめて丸め、ラップで包んで常温で1時間ほど休ませる。
5 オーブンを175℃に予熱する。生地を28g程度に切り分け、台の上で12cm程度の長さの棒状にのばし、両端をつまんで尖らせる。
6 ナイフの先に打ち粉(分量外)をふり、生地の中心に縦に切り込みを入れる。
*Astuce*
・深く切り込みを入れると焼いたときにしっかり開く。またつまんだ両端から5mmほど間隔をあけて切り込みを入れると、きれいな小舟形になる。
7 オーブンシートを敷いた天板に間隔をあけて並べ、生地の切り込み部分を指で少しだけ広げる。
8 焼き色をつけるため、表面に牛乳をハケで塗り、予熱しておいたオーブンで15分ほど焼く。
*Astuce*
・切り込み部分に牛乳がつくと、焼いた際に生地が開かないので注意する。
・一度に焼ききれない場合は、次に焼くまで成形した生地が乾かないようにラップを被せておくとよい。
9 オーブンから取り出し、ケーキクーラーの上で冷ます。

*Provence-Alpes-Côte d'Azur*

プロヴァンス゠アルプ゠コート・ダジュール

コロンビエ

# Colombier

コロンビエはメロンやフルーツの砂糖漬けを混ぜたしっとりした食感のケーキです。その名前はフランス語で鳩小屋を意味し、鳩は聖霊や平和の象徴とされています。南仏ではパントコート（聖霊降臨祭）にこのケーキを食べる習慣があり、ケーキの上にマジパンで作った鳩を飾るか、陶製の鳩を忍ばせて焼きます。マルセイユに伝わる愛の伝説にちなみ、この陶製の鳩が当たった人は一年以内に結婚できるとされています。

*( Recette )* ⋯⋯⋯⋯⋯⋯⋯⋯⋯⋯⋯⋯⋯⋯⋯⋯⋯⋯⋯⋯⋯⋯⋯⋯⋯⋯⋯⋯⋯⋯⋯⋯⋯⋯

**材料**（長径21cmのオーバル型1台分）

[ 生地 ]
アーモンドプードル … 100g
粉糖 … 100g
バター … 45g
卵白 … 25g
全卵 … 3個
コーンスターチ … 30g
コアントロー … 15g
ミックスフルーツ（砂糖漬け）… 50g
ドライメロン* … 70g
＊ドライメロンがなければ砂糖漬けのミックスフルーツ120gでよい。

[ シロップ ]
グラニュー糖 … 100g
水 … 100g

[ グラス・ア・ロー ]
粉糖 … 100g
オレンジジュース（100％）… 20g
アーモンドスライス（仕上げ用）… 適量

**下準備**

○ 小鍋にシロップの材料を入れて沸かし、火を止めてシロップを作る。そこにドライメロンを加え、3〜4時間ふやかして1cm角に切る。
○ 型に溶かしバター（分量外）をハケで塗り、一度冷蔵庫で冷やす。
○ 冷やした型に打ち粉（分量外）をふり、余分な粉をはたき落として底面の形に合わせて切ったオーブンシートを敷き込み、再び冷蔵庫で冷やす。
○ 仕上げ用のアーモンドスライスは170℃に温めたオーブンで7分ほど黄金色になるまでローストする。
○ 焼くタイミングに合わせ、オーブンを170℃に予熱する。

**作り方**

*1* オーブンを170℃に予熱する。生地を作る。バターは小さな鍋で溶かし、50℃程度に温める。

*2* ボウルにアーモンドプードルと粉糖を合わせてふるい入れ、卵白を加えて手で練り混ぜ、ひとかたまりにする。

*3* 2に溶きほぐした全卵1/3量を加え、ゴムベラで混ぜてペースト状にしてから高速のハンドミキサーで混ぜる。残りの全卵を2回に分けて加えながら白っぽくもったりした生地になるようハンドミキサーで根気よく混ぜる。

*4* ミキサーの羽から流れ落ちる生地がリボン状に落ちてゆっくり消える程度の状態になるまで泡立てたら、コーンスターチをふるい入れ、ゴムベラで混ぜて馴染ませる。

*5* 別のボウルにコアントロー、ミックスフルーツ、ドライメロンを入れてゴムベラで混ぜ、生地の一部を加えてゴムベラでよく混ぜる。

*Astuce*
・砂糖漬けのミックスフルーツはくっつきやすく、ゆるい生地の中でダマになりやすいので、あらかじめ生地の一部と合わせて混ぜやすくする。

*6* 生地のボウルに5を加え、ゴムベラで大きく混ぜながらフルーツを全体に行き渡らせる。

*7* 溶かしバターをゴムベラで受けながら生地に静かに加え、全体に馴染むように混ぜる。

*Astuce*
・気泡が壊れやすいので5〜7の工程は手早く行う。

*8* 型を冷蔵庫から取り出し、生地を流し入れて予熱したオーブンで1時間焼く。

*9* 焼けたら型ごと台に打ちつけて熱気を逃がし、ケーキクーラーを当ててひっくり返して生地を型から外す。（型の底面が上になる）。

*10* グラス・ア・ローを作る。小さな鍋に粉糖とオレンジジュースを入れ、ゴムベラで混ぜる。弱火にかけて人肌程度に温めたら、ハケでケーキ全体に薄く塗る。

*Astuce*
・生地の表面が崩れやすいので、グラス・ア・ローはハケでのせる感覚で塗る。

*11* グラス・ア・ローが乾く前に軽くローストしたアーモンドスライスをケーキ全体にはりつける。

## コルス
## *Corse*

コルスは地中海に浮かぶ島で、ナポレオンの故郷として知られます。
島の大半が山岳地域で自然が豊かなため、ハイカーにも人気です。
食文化の面では近隣のイタリアの影響を受けた独自のものが発展し、
特産品には豚肉の加工品や、山羊や羊のミルクで作るブロッチュチーズ、ワインなどがあります。
またお菓子では、松の実、アーモンド、栗、はちみつなどを使ったものが多くみられます。

### カニストレリ
### Canistrelli

カニストレリはキリスト教の洗足式という儀式に関わるコルシカ島のお菓子です。島の北西の街カルヴィでは、この儀式のあとに神のご加護が与えられたカニストレリが人々に配られていました。山岳地帯が多く、小麦の栽培には不向きなため、当時は豊富に採れる栗を粉にしてこのお菓子も作られていたようです。今回は小麦粉で作りますが、オリーブオイルや白ワインを生地に混ぜ、アニスやレモンで風味づけするところなど、地中海らしさの詰まった素朴なお菓子です。

*( Recette )*

#### アニス風味のカニストレリ

材料（3cm角・45～50個分）

薄力粉 … 300g
ベーキングパウダー … 6g
グラニュー糖 … 160g
塩 … ひとつまみ
アニスパウダー … 15g
エクストラバージンオリーブオイル … 80g
白ワイン … 85g
アニスリキュール
　（RICARDやPERNODなど）… 20g
グラニュー糖 … 適量

#### レモン風味のカニストレリ

材料（3cm角・45～50個分）

薄力粉 … 300g
ベーキングパウダー … 6g
グラニュー糖 … 130g
塩 … ひとつまみ
レモンの皮のすりおろし … 2個分
エクストラバージンオリーブオイル … 100g
白ワイン … 80g
カソナード … 適量

#### 下準備
○ 焼くタイミングに合わせ、オーブンを180℃に予熱する。

#### 作り方

1. オーブンを180℃に予熱する。ボウルに薄力粉とベーキングパウダーを合わせてふるい、グラニュー糖、塩、アニスパウダー（レモン風味のカニストレリの場合はレモンの皮）を入れ、泡立て器で軽く混ぜる。
2. 1にエクストラバージンオリーブオイル、白ワイン、アニスリキュール（アニス風味のカニストレリのみ）を加えてゴムベラで粉類と馴染ませる。仕上げに手で軽く捏ねてムラのない生地にする。
3. 打ち粉（分量外）をふった台に2の生地を出し、麺棒で1cm程度の厚さにのばす。
4. ナイフに打ち粉（分量外）をふり、3cm角のひし形や四角形に切り分け、オーブンシートを敷いた天板に間隔をあけて並べる（ピザカッターがあると切りやすい）。
5. 4にグラニュー糖（レモン風味のカニストレリはカソナード）をふり、予熱したオーブンで20分ほど焼く。
6. オーブンから取り出し、オーブンシートごとケーキクーラーの上で冷ます。

アニス風味の
カニストレリ

レモン風味の
カニストレリ

43

ラングドック＝ルーション
## *Languedoc-Roussillon*

フランス南端のピレネー山脈から地中海に沿って
プロヴァンスの隣まで広がるラングドック＝ルーション。
変化に富む地形と気候に恵まれ、野菜、果物、魚介に至るまで食材が豊かで
手頃に楽しめるワインの生産も盛んで食文化が成熟している地域です。
北側がラングドックで、スペインに国境を接する南側がルーションです。
ルーションはスペイン領に長らく属していたこともあり、
スペインのカタルーニャ文化の影響を強く受けています。

ルスキーユ
## Rousquille

フランス南西からスペイン国境付近のカタルーニャ文化圏で作られる伝統菓子です。クッキーのような生地をリング状に抜いて焼き、レモンやアニスで風味づけしたグラサージュで覆います。またルスキーユというお菓子の名前は王冠を意味するカタルーニャ語に由来するともいわれています。

（ *Recette* ）

材料（直径7cmのリング形・14個分）

[ 生地 ]
　薄力粉 … 300g
　ベーキングパウダー … 5g
　粉糖 … 85g
　塩 … 2g
　バター … 85g
　卵黄 … 3個
　牛乳 … 30g
　アニスリキュール
　　（RICARDやPERNODなど）… 20g
　はちみつ … 30g

[ グラサージュ ]
　粉糖 … 340g
　水 … 140g
　レモンの皮のすりおろし
　　… 1個分
　卵白 … 2個
　グラニュー糖 … 10g

下準備
○ グラサージュの卵白は水気をふいたきれいなボウルに入れ、冷蔵庫で冷やす。
○ 焼くタイミングに合わせ、オーブンを160℃に予熱する。

作り方
1 生地を作る。ボウルに薄力粉、ベーキングパウダー、粉糖、塩を合わせてふるい入れ、1cm角に切ったバターを加える。バターを溶かさぬように注意しながら指で粉類とバターをすり混ぜ、サラサラの黄色い砂のようにする。
2 別のボウルに卵黄、牛乳、アニスリキュール、はちみつを入れて混ぜ、1に加えてゴムベラで粉と液体を馴染ませるように混ぜる。
3 カードに持ち替えて生地を切っては重ねるようにして均一になるように混ぜる。
4 オーブンシートで生地を挟み、2cm程度の厚さに麺棒でのばし、そのまま冷蔵庫で2時間ほど冷やしかためる。
5 オーブンを160℃に予熱する。打ち粉（分量外）をふった台に冷やしておいた生地を出し、麺棒で1cm程度の厚さにのばす。
6 直径7cmのセルクルに打ち粉（分量外）をふって生地を抜く。直径2.5cmのセルクルに同様に打ち粉（分量外）をふり、生地の内側を抜いてドーナツ形にする。
*Astuce*
・余った生地はまとめてもう一度冷やし、5〜6の工程を繰り返して使う。
7 オーブンシートを敷いた天板に間隔をあけて生地を並べる。予熱したオーブンで20分ほど焼き、ケーキクーラーの上で冷ます。
8 グラサージュを作る。まず鍋に粉糖、水、レモンの皮を入れて火にかけ、シロップを作る。シロップの温度を上げるのと同時に、冷やしておいた卵白をハンドミキサーの高速で泡立て、粗い泡ができたらグラニュー糖⅓量を加え混ぜ、うっすら羽の跡が残り始めたら、さらに残りのグラニュー糖半量を加え混ぜ、羽の跡がはっきり残るようになったら残りのグラニュー糖をすべて加え混ぜ、角が立つメレンゲにする。
9 シロップが117℃になったらメレンゲのボウルに少しずつ垂らしながら加え、同時にハンドミキサーの高速で混ぜてシロップを全体に行き渡らせる。すべて入れ終えたらハンドミキサーの低速に落とし、ゆっくり混ぜてキメを整える。
*Astuce*
・シロップはたいへん高温になるので、やけどに十分注意して作業する。
・シロップができる前にメレンゲができているように調整する。
10 9のグラサージュをゴムベラで混ぜて粗い気泡を潰し、作業がしやすいように小さなボウルに移す。
11 生地の上面をグラサージュに浸し、余分を指で落としたら、オーブンシートを敷いた天板に並べて乾かす。
*Astuce*
・グラサージュは乾かしている間に垂れてきて生地全体が覆われるようになるので、上面にだけつければよい。

## 卵白のお菓子 | Gâteaux de blanc d'oeuf

お菓子を作っていると余りがちな卵白ですが、
捨ててしまうのはもったいないです。
卵白は冷凍して保存しておくことができますし、
フランス菓子には昔から卵白を活用したお菓子がたくさんあります。
ここにご紹介するものはいずれも卵白を使って気軽に作れるお菓子ですので、
ぜひご家庭で挑戦してみてください。

クロッカン

# Croquant

フランス語でカリカリしたという意味を持つ「クロッカン」。特産のナッツ、卵
白、砂糖、小麦粉を合わせ、薄くのばして焼くシンプルなお菓子で、おも
にピレネー山脈周辺のフランス南部一帯で愛されています。ナッツの香ば
しさとカリッとした食感を存分に味わえるようにナッツはあらかじめロースト
したものを使い、生地を焼くときもしっかり焼ききるようにします。

*( Recette )*

**材料**（直径8cm・18枚分）

卵白 … 35g
粉糖 … 160g
薄力粉 … 50g
アーモンド … 60g
ヘーゼルナッツ … 60g
全卵 … 適量
粉糖 … 適量

**下準備**

○ ナッツ類をローストするために、
オーブンを170℃に予熱する。

**作り方**

1  170℃に予熱したオーブンで、アーモンドとヘーゼル
   ナッツを10分ほどローストし、ヘーゼルナッツはざっと
   皮を取り除く。

2  オーブンの温度を150℃に落とす。

3  ボウルに卵白と粉糖を入れてハンドミキサーの羽で馴
   染ませてから、高速で空気を含んで少しもったりする
   状態まで混ぜる。

4  3に薄力粉をふるい入れ、ゴムベラで馴染ませるように
   混ぜ、ナッツ類を加えて生地全体に行き渡らせる。

5  4をまな板の上に出してのばし広げ、包丁でナッツを
   粗く刻みながら生地と馴染ませる。

6  オーブンシートを敷いた天板に5の生地を約20gずつ
   取り、間隔をあけて置く。手のひらを押しつけ、薄く
   丸くのばす。

7  よく溶いた全卵をハケで生地に塗って粉糖をふり、
   150℃に温度を落としたオーブンで20分ほど焼く。薄
   茶色に焼けたらオーブンから取り出し、オーブンシート
   ごとケーキクーラーの上で冷ます。冷めたら丁寧にオー
   ブンシートをはがす。

*Astuce*
・焼き立ては割れやすいので、冷めてかたまってからオーブ
ンシートから外す。
・一度に食べきれない場合は、湿気らないように乾燥剤とと
もに保存容器に入れるとよい。

卵白のお菓子 | Gâteaux de blanc d'oeuf

マカロン・ド・ナンシー
# Macaron de Nancy

マカロンといえば、表面がつるんとしたカラフルな生地にクリームをサンドした小さなお菓子がイメージされるかもしれません。しかしフランスでは卵白、アーモンド、砂糖という基本的な材料は同じながらも、地方ごとに形や作り方が少しずつ異なるご当地マカロンが作られ、今なお人々に愛されています。これはロレーヌ地方、ナンシーのマカロンです。もともと女子修道院で作られていましたが、フランス革命で修道院を追われた修道女二人が、かくまってくれた家の人に感謝を込めて焼いたのが評判になって定着したといわれています。平たく表面がひび割れ、外はカリッと中はややしっとりしてやさしいアーモンドの風味が口いっぱいに広がります。

( *Recette* )

**材料**（直径7cm・約6枚分）
卵白 … 60g
グラニュー糖 … 120g
アーモンドプードル … 130g
粉糖 … 適量

**下準備**
○ 直径1.5cmの丸口金をつけた絞り袋を用意する。
○ 焼くタイミングに合わせ、オーブンを150℃に予熱する。

**作り方**
1 オーブンを150℃に予熱する。ボウルに卵白を入れ、ハンドミキサーの高速で泡立てる。卵白のコシが切れて粗い泡が立ち始めたら、グラニュー糖を一度に加え、さらに泡立てる。角は立たないが、きめ細かなメレンゲになるまで混ぜる。
2 1にアーモンドプードルをふるい入れ、気泡を殺さぬようゴムベラでさっくり混ぜる。
3 生地を絞り袋に入れ、オーブンシートを敷いた天板の上に直径6cm程度の円になるよう絞り出す。
4 絞った生地の上に粉糖をたっぷりふり、常温に20分ほど置く。
5 予熱したオーブンで30分ほど焼き、天板ごと冷ます。冷めたら丁寧にオーブンシートをはがす。

── 「同じ材料で異なるフランス菓子」──

フランスの郷土菓子は、共通の材料でも分量や作り方を変えることで、形や食感の異なるお菓子を生み出せます。地方ごとに異なるマカロンはよい例ですが、本書で紹介しているガトー・ブルトン（p.98）とパレ・ブルトン（p.101）もよい例でしょう。両者はいずれもブルターニュ地方のお菓子で、バター、砂糖、卵、小麦粉といった材料は同じですが、分量と作り方が異なることから、大きさも食感も味わいも大きく異なるお菓子になります。フランスの郷土菓子は偶然でき上がった場合もありますが、先人たちはきっと作りたいお菓子に向かって、材料や分量、作り方を工夫し続けてきたのだと思います。その歴史と郷土菓子の多様性を私は魅力的に感じます。

卵白のお菓子 | Gâteaux de blanc d'oeuf

マカロン・ド・サンテミリオン
# Macaron de Saint-Émillion

アキテーヌ地方の中心、ワインの産地で有名なボルドーにあるサンテミリオンは、ぶどう畑に囲まれ、美しい中世の街並みが残る小さな村です。この村に伝わるマカロンは、ウルスラ会の修道女たちによって作られていたようです。ワイン産地らしく甘口のワインを材料に加えたり、生地を温めながら作るのも独特です。ざっくりした食感で、噛みしめると、ワインのよい香りが鼻に抜けていきます。

( Recette )

**材料**（直径3cm・約15個分）

アーモンドプードル … 175g
グラニュー糖 … 75g
はちみつ … 10g
極甘口の白ワイン（貴腐ワインなど）… 40g
卵白 A … 30g
粉糖 … 75g
卵白 B … 30g

**下準備**
○ 直径1.5cmの丸口金をつけた絞り袋を用意する。
○ 焼くタイミングに合わせ、オーブンを170℃に予熱する。

**作り方**
1 オーブンを170℃に予熱する。鍋にアーモンドプードル、グラニュー糖、はちみつ、極甘口の白ワイン、卵白 A を入れ、木ベラでよく混ぜて馴染ませる。
2 鍋を弱火にかけ、木ベラで5分ほど生地を練り上げる。
3 鍋を火から下ろし、粉糖と卵白 B を加えて木ベラでさらに練り混ぜる。
4 生地を絞り袋に入れ、直径3cm程度のドーム状に絞る。
5 絞り終えたら生地の中央を水をつけた指で軽くならす。
6 予熱したオーブンで20〜25分焼く。キツネ色の焼き色がついたらオーブンから取り出し、オーブンシートごとケーキクーラーの上で冷ます。冷めたら丁寧にオーブンシートをはがす。

卵白のお菓子 | Gâteaux de blanc d'oeuf

フィナンシェ

# Financier

フィナンシェはフランス語で「金融家」という意味があり、19世紀後半にパリのサンドニ通りに店を構えた菓子職人が、この地域で働く金融家たちに敬意を表して作ったといわれています。このお菓子に用いられるインゴットという長方形の焼き型は金の延べ棒を表しています。

( Recette )

材料 （4.7×9.5cmのインゴット型・8個分）

バター … 90g
卵白 … 70g
グラニュー糖 … 60g
はちみつ … 10g
塩 … 1g
アーモンドプードル … 35g
薄力粉 … 25g

下準備

○ 型にハケで溶かしバター（分量外）を塗り、
　冷蔵庫で冷やす。
○ 焼くタイミングに合わせ、オーブンを190℃
　に予熱する。

作り方

1　ブール・ノワゼットを作る。ステンレス製の小鍋にバターを入れ、鍋底から出ない程度の強めの中火にかける。バターが溶けてモコモコとした泡が上がり、その泡が沈むと今度は液面がジュワジュワと煮立つようになる。そこから再度泡が上昇してくるので、吹きこぼれないように注意しながら泡立て器で鍋底をこそげるように絶えず撹拌する。濃い紅茶程度の色になったら火から下ろし、鍋底を水に当て、それ以上火が入るのを防ぐ。鍋に入れたまま70℃まで冷ます。

　　Astuce
　　・ブール・ノワゼットのでき上がり分量は水分が蒸発して70g。心配なようなら少し多めのバターで作るとよい。
　　・鍋底をこそげるように泡立て器で撹拌するので、鍋はステンレス製のものがよい。
　　・バターは非常に高温なので、周囲に子どもや物がないようにし、自身もやけどに注意する。

2　オーブンを190℃に予熱する。ボウルに卵白を入れて泡立て器でコシを切り、グラニュー糖、はちみつ、塩を加えてよく混ぜる。

　　Astuce
　　・卵白のコシを切ってグラニュー糖を溶かしたいので、ボウルを湯煎にかけて温めながら混ぜ溶かすとよい。

3　2のボウルにアーモンドプードルと薄力粉を合わせてふるい入れ、泡立て器で粉気がなくなるまで混ぜる。混ぜた羽の跡が残らず、さっと消えていく程度が目安。

　　Astuce
　　・混ぜ過ぎるとグルテンが出て、焼き上がりに影響するので注意する。

4　ブール・ノワゼットを再度火にかけて70℃程度に温め、3回に分けて3に加え、その都度泡立て器でムラなく混ぜる。

　　Astuce
　　・混ぜ足りないと乳化しないが、混ぜ過ぎもよくない。泡立て器ですくった生地がサラーッと落ちていく感じがよい。
　　・でき上がった生地の温度は30℃が目安。

5　生地を計量カップなどに移し、型に35gずつ量り入れる。

6　温めたオーブンで15分ほど焼く。表面がキツネ色になり、指で押してみて弾力があれば焼き上がり。やけどに注意しながらすぐに型から外し、ケーキクーラーの上で冷ます。

　　Astuce
　　・余った生地は冷蔵庫で3日間保存可能。焼く際は生地をボウルに移し、湯煎で35℃前後に生地を温めて泡立て器でよく混ぜてから型に量り入れる。

## *Midi-Pyrénées*

フランス南西にあるミディ＝ピレネーは南にピレネー山脈があり、スペインと国境を接しています。
中心都市のトゥールーズはギリシャ・ローマ時代から栄えた古い歴史を持ち、
今では航空産業の拠点となっています。
美しい赤レンガ造りの建物が並ぶことにちなみ、バラ色の街と呼ばれますが、
近くにスミレの群生地があり、スミレのお菓子や香水も作られていることからスミレの街という別名も。
また白インゲン豆と鴨肉、トゥールーズのソーセージを煮込んだ郷土料理、カスレも名物です。

Fénétra ( *Recette* → p.56 )

フェネトラ

# Fénétra

フェネトラはトゥールーズで毎年初夏に行われる、死者の日の祭りで食べられるお菓子です。死者の日はフランスでは11月2日ですが、トゥールーズでは独自に6月の最週末に行われます。型にパート・シュクレを敷き込み、アプリコットジャムやレモンの皮のコンフィを入れ、ダコワーズ生地で覆って焼き上げます。さっくり軽いダコワーズと中の甘酸っぱいジャム、そして香ばしいタルト生地がよく調和したお菓子です。

( *Recette* )

材料（ 直径18cmの底取れのタルト型・1台分 ）

**パート・シュクレ（p.118）**… 200g
[ ガルニチュール ]
　　レモンの皮のコンフィ … 100g
　　アプリコットジャム … 120g
　　グラニュー糖 … 20g
[ ダコワーズ生地 ]
　　卵白 … 110g
　　グラニュー糖 … 45g
　　薄力粉 … 35g
　　アーモンドプードル … 55g
粉糖 … 適量

下準備

○ 打ち粉（分量外）をふった台にパート・シュクレを出し、3mmの厚さでタルト型よりひと回り大きく麺棒でのばす。
○ 生地を型に敷き込み、型ごとラップで包んで冷蔵庫で2時間休ませる。
○ 卵白は水気をふいたきれいなボウルに入れ、冷蔵庫で冷やす。
○ 直径1.5cmの丸口金をつけた絞り袋を用意する。
○ タルト生地の空焼きから始まるので、先にオーブンを180℃に予熱する。

作り方

1　オーブンが180℃に予熱できていることを確認する。冷蔵庫から生地を敷き込んだ型を取り出し、型からはみ出た生地を切り落とす。フォークで生地の底面をピケし、型よりひと回り大きく切ったオーブンシートを生地の上に敷き込む。その上にタルトストーンをのせ、予熱したオーブンで13分ほど焼く。焼けたらオーブンから取り出し、オーブンシートごとタルトストーンを外す。
　　*Astuce*
　　・オーブンシートは底面の角までぴったりつけて敷き込む。
　　・タルトストーンは型と同じ高さまで、まんべんなくたっぷり敷き詰める。
　　・再度オーブンで焼くので、完全に焼かなくてよい。

2　ガルニチュールを作る。レモンの皮のコンフィを1cm角に刻んでボウルに入れ、アプリコットジャムとグラニュー糖を加えてゴムベラでよく混ぜる。

3　2を空焼きしたタルト生地に入れて均等にならす。

4　ダコワーズ生地を作る。卵白をハンドミキサーの高速で混ぜる。粗い泡が立ち始めたら、グラニュー糖⅓量を加えてさらに混ぜる。艶が出てうっすらと羽の跡が残り始めたら、残りのグラニュー糖半量を加えて再度高速で混ぜる。羽の跡がくっきり残るようになったら、残りのグラニュー糖をすべて加えて高速で混ぜ、低速に落としてキメを整える。艶があり、角がしっかり立つメレンゲにする。

5　4のボウルに薄力粉とアーモンドプードルを合わせてふるい入れ、気泡を消さないようゴムベラでさっくり切るように混ぜる。

6　5の生地を絞り袋に入れ、3の型の外側から中心に向かって円を描きながら絞る。中心まで絞ったら、残りの生地を今度は中心から外側に向かって絞る。
　　*Astuce*
　　・一定の太さで絞り出す。残った生地を中心から外側に向かって絞る際は、途中で終わってもよい。

7　絞り出した生地を中心がやや高いドーム状になるように、スパチュラでやさしくならす。

8　粉糖をまんべんなくたっぷりふるい、粉糖が馴染んで溶け始めたら、再度同様にふるう。

9　再度同じ温度のオーブンで25分ほど焼く。竹串で中心を刺しても生地がついてこず、指で生地を押すと乾いて弾力があることを確認したら、型ごとケーキクーラーの上で冷ます。

ポワトゥー゠シャラント
## *Poitou-Charentes*

ポワトゥー゠シャラントはフランスの西に位置し、
ロワール川とジロンド川、大西洋に挟まれた地域です。
海沿いでは海産物、内陸部では農産物が豊富です。
その北に位置するポワトゥーには美しい湖沼が広がり、
エシレで知られる質のよいバターやクリームなどの乳製品が有名です。

Tourteau Fromagé
( *Recette* → p.61 )

*Poitou-Charentes* ── ポトゥー=シャラント

トゥルトー・フロマジェ

# Tourteau Fromagé

ポワトゥー＝シャラント地方に伝わる真っ黒に焦げた表面が印象的なチーズケーキです。チーズケーキをオーブンに入れたまま忘れて焦がした失敗から生まれたという説もあるようです。現地ではパティスリーではなく、チーズ専門店やスーパー、マルシェでよく売られています。表面が真っ黒なので口に入れるのが少し怖いかもしれませんが、意外にもほのかな苦味で、スフレ状のチーズ生地の風味や甘さと相まって全体的にやさしい味わいのお菓子です。

( Recette )

### 材料（直径18cmのマンケ型・1台分）

**パート・ブリゼ（p.120）**… 250g

[ アパレイユ ]
　全卵 … 4個
　シェーブルチーズ（フレッシュタイプ）
　　またはクリームチーズ … 120g
　薄力粉 … 40g
　グラニュー糖Ⓐ … 60g
　グラニュー糖Ⓑ … 80g

### 下準備

○ パート・ブリゼは麺棒で2mm厚さにのばしてマンケ型に敷き込み、型からはみ出た余分な生地を切り落とし、底面をフォークでピケする。
○ 型ごとラップで包み、冷蔵庫で2時間以上冷やす。
○ 全卵は卵黄と卵白に分け、卵白は使うまで冷蔵庫で冷やす。
○ オーブンを250℃に予熱する（高温のため、作り始める前に予熱を開始する）。

### 作り方

1　オーブンが250℃に予熱できていることを確認する。ボウルにシェーブルチーズを入れ、ゴムベラでやわらかく練り、グラニュー糖Ⓐを加えてさらにすり混ぜる。

2　卵黄を1個ずつ加え、その都度泡立て器でよく混ぜる。
*Astuce*
・一度に卵黄を加えるとダマができやすくなるので、卵黄を数回に分けて加え、徐々にやわらかくのばす。

3　薄力粉をふるい入れ、粉気がなくなるまで泡立て器で混ぜる。

4　大きめのボウル（直径35cm程度のものが理想）を用意し、水気をよくふく。冷やした卵白を入れ、泡立て器で泡立てる。
*Astuce*
・泡立てる際はボウルを傾け、泡立て器をボウルの曲線に沿わせて大きく振りながら、下に溜まっている卵白をほぐして気泡を含ませる。

5　やわらかい角がお辞儀する程度のかたさになったら、グラニュー糖Ⓑ⅓量を加えてさらに混ぜる。

6　気泡が細かくなり、卵白に艶が出てボウルの壁面からも落ちないようになったら、ボウルを傾けずにさらに混ぜ、残りのグラニュー糖を2回に分けて加え、混ぜ続ける。最終的にしなやかできめ細かく、角が立つメレンゲを作る。
*Astuce*
・洗顔フォームのようなきめ細かな泡が目安。混ぜ過ぎてボソボソにならないように注意する。

7　型を冷蔵庫から取り出す。メレンゲ半量を3に加え、ゴムベラで下からすくって返しながらさっくり切り混ぜる。
*Astuce*
・メレンゲの気泡を潰さないようにゴムベラは切るように動かし、生地とメレンゲをやさしく手早く合わせる。

8　残りのメレンゲを加え混ぜ、全体が馴染んだら素早く型に流し入れてすぐに予熱したオーブンに入れる。

9　20分焼き、表面が膨らんで真っ黒に焦げるのを確認したら、オーブンの扉を少し開けて熱を逃がして220℃に下げて10分、同様にして200℃で10分、最後は180℃で15分焼く。

10　オーブンのスイッチを切り、熱が残るオーブンの中でさらに20分ほど置く。

11　オーブンの扉を全開にして庫内で10分ほど冷まし、オーブンから取り出して型ごと粗熱が取れるまで、温かいところで少しずつ冷ます。
*Astuce*
・オーブンに入れている最中、黒焦げになったチーズ生地が上に膨らんでくるが、中の生地はまだまだ焼けていないので取り出さないこと。まずは表面を焼きかためて少しずつ温度を下げながら中までしっかり焼き、焼いたあともゆっくり冷ましていくことが重要。
・作る過程でメレンゲの気泡が弱かったり、焼成中に急激に温度を下げると、中に空洞ができ、焼いたあとにどんどんしぼんで表面に凹みができるので注意する。

ブロワイエ・デュ・ポワトゥー

# Broyé du Poitou

この地方で作られる良質なバターを使った大きなクッキーです。ブロワイエとは、フランス語で「砕く」という意味です。家族が集まった席などで、この大きなクッキーをたたき割り、みんなで分け合って食べたことからそう呼ばれます。

( Recette )

材料 （ 直径18cmの底取れのタルト型・1枚分 ）

バター … 60g
グラニュー糖 … 60g
薄力粉 … 110g
塩 … ひとつまみ
全卵 … 10g
ラム酒 … 5g
［ 塗り卵 ］
　卵黄 … 1個
　コーヒー液（少量のインスタントコーヒー
　　を少しの湯で溶く）… 少量

下準備

○ バターは1cm角に切り、冷蔵庫で冷やす。
○ 薄力粉は冷蔵庫で冷やす。
○ 焼くタイミングに合わせ、オーブンを160℃に予熱する。

作り方

1　ボウルにバターを入れ、木ベラでたたいて少しやわらかくする。グラニュー糖を加え、木ベラでバターとすり混ぜる。

2　バターとグラニュー糖が馴染んだら薄力粉と塩を加え、カードを両手に持って刻むようにして混ぜる。粉が黄色っぽくなり、少し濡れたようになってきたら粉を両手ですくい、指を交差させて前後にすり合わせながら粉を落として塊を細かくする。
*Astuce*
・カードがない場合は、最初から指で粉とバターをすり混ぜてもよいが、手の温度でバターを溶かさないよう注意する。溶けそうになったら早めに冷蔵庫に入れて冷やし直してから作業する。

3　2によく溶いた全卵を加えてゴムベラで混ぜ、卵液と粉がある程度馴染んだら、カードで切って重ねる動作を繰り返して生地をひとまとめにする。
*Astuce*
・捏ねるとグルテンの形成が強まり、かたい食感になるので極力捏ねない。

4　生地を平らにしてラップに包み、冷蔵庫で2時間以上休ませる。

5　打ち粉（分量外）をふった台に生地を出し、麺棒で厚さ1cm、直径18cmの円にのばし、タルト型に敷き込む。型ごとラップで包んで冷蔵庫で2時間休ませる。

6　オーブンを160℃に予熱する。塗り卵の材料を混ぜ、ハケで生地の表面に薄く塗って冷蔵庫に入れて乾かす。塗り卵がある程度乾いたら再度塗る。塗り卵が手につかない程度に乾いたらフォークなどで生地の表面に格子模様を描く。
*Astuce*
・生地のバターを溶かさないように冷蔵庫に入れて塗り卵を乾かす。

7　予熱したオーブンで30分ほど焼いたら一度オーブンから取り出して型から生地を外し、生地だけ天板にのせてさらに10分焼く。
*Astuce*
・中までしっかり焼き、粉とバターの風味を引き出す。
・高温なのでやけどに注意して気をつける。

8　オーブンから取り出し、ケーキクーラーの上で冷ます。

リムーザン
## *Limousin*

フランス内陸部、オーヴェルニュの西隣にあるのがリムーザン。
山が多いオーヴェルニュに対してリムーザンは森と湖が広がる穏やかな田園地帯。
名物のリムーザン牛をはじめとした畜産が盛んで、
この地方発祥のクラフティに使われるダークチェリーなどの果物の栽培も盛んです。

クラフティ・リムーザン
## Clafoutis Limousin

リムーザン地方の伝統菓子で陶製の容器にダークチェリーを敷き詰め、フランのような生地を流して焼き上げます。ダークチェリー以外の果物で作る場合はクラフティとは呼ばない人もいるほど、地元民のこだわりのお菓子で、独特の風味をつけるために種を除かずに焼き込む場合もあるようです。

*( Recette )*

**材料**（長辺24cmのオーバル型・1台分）

ダークチェリー（缶詰）… 2缶
全卵 … 2個
生クリーム … 125g
牛乳 … 95g
キルシュ … 少量
薄力粉 … 45g
バニラビーンズ … ⅛本
グラニュー糖 … 90g
塩 … ひとつまみ

**下準備**

○ ダークチェリーはザルに上げ、汁気をよくきる。
○ 型にポマード状のバター（分量外）を塗る。
○ バニラビーンズはナイフで割り、ナイフの背で種をしごき出し、指でグラニュー糖とすり混ぜてバニラシュガーを作る。
○ 生地は混ぜるだけですぐにできるので、早めにオーブンを170℃に予熱する。

**作り方**

*1* オーブンが170℃に予熱できていることを確認する。ボウルに薄力粉をふるい入れ、バニラシュガーと塩を加えて泡立て器で混ぜる。

*2* 溶きほぐした全卵、生クリーム、牛乳、キルシュを順に加え、その都度泡立て器で混ぜ、できた液体を濾し器で濾す。

*3* 型にダークチェリーをまんべんなく並べ、2を静かに流し入れる。

*4* 予熱したオーブンで40分ほど焼く。

Aquitaine ── アキテーヌ

アキテーヌ
## *Aquitaire*

西は大西洋、南はピレネー山脈、東は中央山塊に囲まれた地域で世界的に有名なボルドーワイン、フォアグラ、豊かな森林で採れるトリュフやきのこなど、食材に恵まれた美食の地です。ワイン産地らしく、カヌレのようにワインにまつわる郷土菓子も存在します。

カヌレ・ド・ボルドー
## Cannelé de Bordeaux

縦溝がついた釣鐘形で茶色くゴツゴツとした形が印象的なカヌレ。修道院で作られていた棒状のお菓子が原型といわれ、現在の形になったのは19世紀以降のようです。ワインの澱引きのために使われる卵白の残りの卵黄を使い、東方の島々から港に運ばれてくるラム酒やバニラと合わさって誕生しました。焼き立てのカヌレはカリッとした外側とモチッとした内側の食感のコントラストが楽しめます。

( Recette )

**材料**（直径5.5cmのカヌレ型・10個分）

- 薄力粉 … 80g
- 強力粉 … 45g
- グラニュー糖 … 300g
- 牛乳 … 500g
- バニラビーンズ … 1本
- バター … 25g
- 卵黄 … 40g
- 全卵 … 30g
- バター … 25g
- ラム酒（ダーク）… 45g
- サラダ油、溶かしバター、
  はちみつ（いずれも型用）… 各適量

**下準備**

○ 生地を休ませたあとは型の空焼きから始まるので、早めにオーブンを250℃に予熱する。

**作り方**

1 大きめのボウルに薄力粉と強力粉を合わせてふるい入れ、グラニュー糖を加えて泡立て器でさっくり混ぜる。

2 鍋に牛乳を入れる。バニラビーンズはナイフで割り、ナイフの背で種をしごき出し、種とさやを鍋に加えて中火にかける。沸いたら火を止めてそのまま粗熱を取る。

3 小鍋にバターを入れて中火にかけ、混ぜながら薄茶色になるまで加熱する。茶色く色づいたら火を止め、そのまま粗熱を取る。

4 1に2を少しずつ加えながら泡立て器で混ぜる。

5 卵黄と全卵を合わせてよく溶き混ぜ、4に加えてよく混ぜる。

6 3の焦がしバターとラム酒を加え混ぜ、ラップを被せて冷蔵庫で12時間以上休ませる。

*Astuce*
・泡立て器で混ぜる際は泡立てないように混ぜる。また粉と合わせてから混ぜ過ぎるとグルテンが出てしまい、焼いた際に生地が型からあふれてしまうので、注意する。

7 オーブンが250℃に予熱できていることを確認する。6の生地を濾し器で濾す。

8 銅製のカヌレ型の場合は型を天板にのせて予熱したオーブンで5分ほど空焼きし、やけどに注意しながら内側にハケでサラダ油を塗る。再度オーブンに入れて5分焼き、取り出して冷ます。

*Astuce*
・テフロン加工の型を使用する場合は8の工程は不要。

9 型に溶かしバターをハケでまんべんなく塗り、次にはちみつを同様にして塗る。

10 冷蔵庫から生地を取り出し、型に77gずつ流し入れ、予熱したオーブンで45分ほど焼く。

*Astuce*
・途中生地の上面が焦げそうな場合は、アルミ箔を被せる。

11 焼けたら天板ごと冷まし、粗熱が取れたら型をひっくり返して生地を取り出す。

*Aquitaine* — アキテーヌ

Dacquoise ( *Recette* → p.70 )

ダコワーズ

# Dacquoise

アーモンド風味のメレンゲ生地の間にバタークリームをサンドしたお菓子で、温泉保養地として人気のダックスという町が発祥です。日本ではかわいらしい小判型の「ダックワーズ」が馴染み深いですが、それは福岡県のパティスリー「16区」の三嶋隆夫シェフがパリのアルトゥールというパティスリーのシェフを務めていたときに考案したもの。現地のダコワーズは大きく作ってケーキとして食べられています。

( Recette )

**材料**（直径18cm・1台分）

［ ダコワーズ生地 ］
　卵白 … 150g
　グラニュー糖 … 50g
　アーモンドプードル … 100g
　粉糖Ⓐ … 100g
　薄力粉 … 20g
　粉糖Ⓑ（焼く前に生地にふる用）… 適量
［ プラリネのクレーム・ムースリーヌ ］
　バター … 200g
　グラニュー糖 … 60g
　**クレーム・パティシエール（p.126）**… 150g
　アーモンドプラリネペースト … 50g
　塩 … ひとつまみ
粉糖（仕上げ用）… 適量

**下準備**

○ バターは常温に戻し、ポマード状に練る。
○ オーブンシートに直径18cmの円を2つ描いて裏返して天板に敷く。オーブンの大きさに合わせ、好みの大きさの円でもよい。
○ 卵白は水気をふいたきれいなボウルに入れ、冷蔵庫で冷やす。
○ ダコワーズ生地用に直径1.2cmの丸口金をつけた絞り袋を用意する。
○ クレーム・ムースリーヌ用に直径2cmの星口金をつけた絞り袋を用意する。
○ クレーム・パティシエールは事前にp.126を参照して作り、よく冷やしておく。ボウルに取ってゴムベラで練り、やわらかくして常温に出しておく。
○ 焼くタイミングに合わせ、オーブンを180℃に予熱する。

**作り方**

1　オーブンを180℃に予熱する。ダコワーズ生地を作る。アーモンドプードル、粉糖Ⓐ、薄力粉は合わせてふるう。

2　卵白はハンドミキサーの高速でコシを切る。粗い泡ができて白くなり始めたら、グラニュー糖⅓量を加えて高速で混ぜる。羽の跡がつき始めてやや艶が出てきたら、残りのグラニュー糖半量を加え高速で混ぜる。羽の跡がはっきりとして艶が出たら、残りのグラニュー糖をすべて加えて低速に落とす。キメを整えるようにゆっくり動かしながら泡立て、きめ細かでしなやかな角が立つメレンゲにする。

3　ふるった粉類を2回に分けて加え、その都度、ゴムベラでさっくり切るように混ぜる。
　*Astuce*
　・ボウルの底のほうに粉が残りやすいので注意する。
　・粉気がなくなり、艶のあるフワッとした生地になったら混ぜるのを止める。

4　丸口金をつけた絞り袋に生地を入れ、オーブンシートに描いた円の中心から渦を描くように円の縁まで絞る。2つめの円は上に被せる際にクリームの飾り絞りが見えるようにひと回り小さく同様に絞る。
　*Astuce*
　・絞り袋を立てて持ち、少し高いところから一定の力で口金から出る生地の太さを変えずに垂らすように絞り出す。絞り出す渦の隙間を埋めようと口金を押しつけるようにすると生地が潰れるので注意する。多少隙間があってもよい。

5　生地の上に粉糖Ⓑをまんべんなくたっぷりふるい、馴染んだら再度同様にふるう。

6　予熱したオーブンで20分ほど焼く。キツネ色の焼き色がついて表面が殻のように焼きかたまったら焼き上がり。オーブンシートごとケーキクーラーにのせて冷ます。

7　プラリネのクレーム・ムースリーヌを作る。ボウルにポマード状のバターとグラニュー糖を入れて泡立て器で混ぜ、白っぽく空気を含んだようになるまでよく混ぜる。

8　クレーム・パティシエールを加えてさらに混ぜ、なめらかにつながるようによく混ぜる。アーモンドプラリネペーストと塩を加えてさらに混ぜる。

9　星口金をつけた絞り袋に入れ、大きい方のダコワーズ生地を裏返し、まず縁に菊形にクリームを1周絞る。次に菊形に絞ったクリームの内側から中心に向かって渦を描きながらクリームを絞る。中心まで絞ったらひと回り小さい方の生地を上にのせ、冷蔵庫でクリームを冷やしかため、仕上げに粉糖をうっすらとふる。

Aquitaine ———

——— アキテーヌ

タルト・オ・ノワ・デュ・ペリゴール

# Tarte aux noix du Périgord

フランスのくるみの二大生産地といえばローヌ＝アルプのグルノーブルと、もうひとつがアキテーヌのペリゴールです。ペリゴールは黒トリュフやフォアグラを産する美食の地でもあり、特にくるみは粒が大きく、力強い味わいが特徴とされています。そのくるみを贅沢に使ったタルトがこの地の名物菓子です。

*( Recette )*

**材料**（直径18cmの底取れのタルト型・1台分）

**パート・シュクレ（p.118）**… 250g

[ アパレイユ ]
　グラニュー糖 … 140g
　水 … 70g
　生クリーム … 140g
　バター … 20g
　塩 … ひとつまみ
　はちみつ … 20g
　くるみ … 140g
　全卵 … 70g
くるみ（仕上げ用）… 16粒

**下準備**

○ 打ち粉（分量外）をふった台にパート・シュクレを出し、麺棒で4mm厚さにのばしてタルト型に敷き込み、型ごとラップを被せて冷蔵庫で2時間ほど休ませる。

○ くるみは仕上げ用を除いて粗く刻む。

○ タルト生地の空焼きから始まるので、先にオーブンを170℃に予熱する。

**作り方**

1　オーブンが170℃に予熱できていることを確認する。冷蔵庫から生地を敷き込んだ型を取り出し、型からはみ出た生地を切り落とす。型よりひと回り大きく切ったオーブンシートを生地の上に敷き込み、その上にタルトストーンをのせて予熱したオーブンで20分ほど焼く。

　*Astuce*
　・オーブンシートは底面の角までぴったりつけて敷き込む。
　・タルトストーンは型と同じ高さまで、まんべんなくたっぷり敷き詰める。

2　一度オーブンから取り出し、オーブンシートを少し浮かせて下の生地の表面が乾いたように焼けたことを確認したら、オーブンシートごとタルトストーンを外す。

3　鍋にグラニュー糖と水を入れて中火にかけてキャラメルを作る。紅茶色になって煙が立ち始め、鼻をつく香りが立ち始めたら火を止めて生クリームを加える。沸き立つのがおさまったら、泡立て器で均一に混ぜる。

　*Astuce*
　・生クリームを加えるとキャラメルが一気に沸き立ち、鍋の上のほうに目には見えない高温の蒸気が上がるので、絶対に手を近づけない。必ず蒸気がおさまってから混ぜること。
　・キャラメルの工程はかなり高温になるので、周囲に物を置かないように注意する。

4　もう一度中火にかけ、バター、塩、はちみつを加え、泡立て器で混ぜ溶かす。そのまま混ぜながら2分ほど煮詰め、火から下ろして刻んだくるみを加えて泡立て器で混ぜる。

5　4の粗熱を取り、全卵を加えて泡立て器でよく混ぜ、空焼きしたタルト生地の縁までいっぱいに流し入れ、再度同じ温度のオーブンで20〜30分焼く。

　*Astuce*
　・熱々のキャラメルに全卵を入れると卵焼きになってしまうので、キャラメルがある程度冷めてから全卵を加え混ぜる。

6　中心まで膨らんだらオーブンから取り出し、型ごとケーキクーラーの上で冷ます。完全に冷めたら型から外し、仕上げ用のくるみを並べる。

サントル＝ヴァル・ド・ロワール
# *Centre-Val de Loire*

ロワール川沿いの穏やかな気候と豊かな自然からフランスの庭園と称され、
王侯貴族が数多の城を築き、狩猟を楽しんだ地域です。
同時に食材の宝庫でもあり、ロワール川で採れる川魚や肥沃な土地から収穫される野菜、
きのこなどの森の産物にジビエ、そしてワインに至るまでまさに美食の地です。

Tarte Tatin ( *Recette* → p.77 )

Centre-Val de Loire ——————

—————— サントル＝ヴァル・ド・ロワール

タルト・タタン

# Tarte Tatin

タルト・タタンは1894年に創業し、現在も営業しているホテル・タタンが発祥のりんごのタルト。20世紀初頭、タタン氏の娘の失敗から偶然に生み出されたお菓子というのは有名な話です。ここで使うりんごはどのような種類でもよいのですが、フレッシュなものがおすすめ。型の中で生のりんごからじっくりキャラメリゼし、失敗談そのままに最後に生地を被せて焼いてりんごとキャラメルが一体となった濃厚なタルトに仕上げます。

### ( Recette )

**材料** ( 直径18cmの共底ケーキ型・1台分 )

**パート・ブリゼ(p.120)** … 170 g
[ キャラメル ]
　グラニュー糖Ⓐ … 100 g
[ ガルニチュール ]
　りんご … 7個(正味1050 g)
　グラニュー糖Ⓑ … 100 g
　レモン果汁 … 50 g
　バター … 30 g

#### 下準備

○ パート・ブリゼは麺棒で4mm厚さにのばして型に合わせて切り抜き、フォークでピケしてラップを被せて冷蔵庫で1時間以上休ませる。
○ 焼くタイミングに合わせ、オーブンを180℃に予熱する。

#### 作り方

1　オーブンを180℃に予熱する。鍋にグラニュー糖Ⓐを入れて中火にかけ、溶け始めたら鍋を傾けて全体をしっかり溶かす。茶色く色づき、沸騰し始めたら火を止め、余熱で濃い紅茶程度の色にして型に流し入れる。型を傾けて底全体に行き渡らせ、そのまま冷ます。
*Astuce*
・キャラメルはたいへん高温なので、やけどに注意する。

2　りんごは皮をむき、芯を取って4等分のくし形に切る。

3　1の型にできるだけ隙間なくりんごを放射状に敷き詰める。グラニュー糖Ⓑ半量とレモン果汁半量を全体にふり、バター半量をちぎって散らす。
*Astuce*
・糖分とレモン果汁の酸でりんごが持つペクチンの力を引き出すため全体に行き渡るようにふる。

4　くし形に切ったりんごをさらに横半分に切り、並べたりんごや型の隙間やりんご同士の隙間を埋めるように敷き詰める。全部敷き詰めるとこんもりと山盛りになる。

5　3と同様に残りのグラニュー糖とレモン果汁を全体にふり、残りのバターをちぎって散らす。

6　型を天板にのせ、予熱したオーブンで1時間焼く。

7　天板ごとオーブンから取り出す。りんごがやわらかくなり、水分が出てきているのでゴムベラで上に出ているりんごをやさしく押し込み、型とりんごの隙間やりんご同士の隙間を埋めつつ、りんご全体ができるだけ水分に浸るようにする。
*Astuce*
・1時間焼いてもりんごがまだかたい場合は、オーブンに戻してさらに焼く。
・上のほうのりんごが焦げていたらアルミ箔を被せて焼く。

8　アルミ箔またはオーブンシートを型に合わせて切り、落とし蓋にしてりんごの上に被せてさらに1時間焼く。
*Astuce*
・りんご全体にキャラメル液を行き渡らせながら煮込むように焼き上げる。
・天板に吹きこぼれたキャラメル液が焦げて煙くなるようであれば、やけどに注意しながら天板を一度洗ってきれいにする。
・煮詰まるまでには時間がかかるが、早まって型の中の水分を捨てないこと。

9　りんご全体がキャラメル色になり、水分の量が型の半分弱に落ち着いてとろみがついたらオーブンから取り出す。用意しておいたパート・ブリゼを被せ、オーブンに戻して30分焼く。

10　パート・ブリゼがキツネ色に焼けたら天板ごと粗熱を取る。

11　粗熱が取れたら型とりんごの間にスパチュラを差し込み、りんごを中心に向かってやさしく押して隙間を作り、あとで型を外しやすいようにして冷蔵庫で半日ほどよく冷やす。

12　冷えかたまったら、型を回しながら型の底全体を直火に当て、型と底面のりんごの結着をゆるめる。受け皿をパート・ブリゼに当て、ひっくり返してタルトを取り出す。
*Astuce*
・直火で温め過ぎると、かたまっていたりんごがゆるみ過ぎ、取り出した際に崩れてしまうので注意する。
・直火で温めたら、型を傾けたりして型の中でタルト全体が動くことを確かめると、型から外しやすい。

イル゠ド゠フランス
## Île-de-France

フランス王国発祥の地である
イル゠ド゠フランスは、「フランスの島」を意味します。
首都のパリを中心にセーヌ川と
その支流で囲まれた島のような地域で、
その形が名前の由来ともいわれています。
12世紀にパリが首都になり、
中世以降は城や大聖堂が各地に建てられました。
政治、経済、文化の中心地として人や物が行き交い、
近隣国から王妃を迎え入れたこともフランス料理や
フランス菓子の発展に大きく影響しました。
またフランス革命後、宮廷に仕えた
料理人や菓子職人が巷に出て活躍し、
国内外の多彩な料理や調理法を取り入れて
発展させたことで、料理もお菓子も
今日まで残る古典といわれる
洗練されたものが生み出されました。

Paris-Brest ( *Recette* → p.80 )

パリ・ブレスト
# Paris-Brest

フランスでは世界最大の自転車レース「ツール・ド・フランス」が毎年開催されます。その自転車競技の歴史は古く、1891年開催の首都パリとブルターニュ西端の町・ブレストを往復するレース「パリ・ブレスト・パリ」は世界最古のものとして知られています。その第一回大会を記念して作られたのが自転車の車輪を模したパリ・ブレスト。リング状のパータ・シューにアーモンドスライスを散らして焼き、プラリネのバタークリームを挟んだこのお菓子です。今回はコーヒー風味のクレーム・ムースリーヌにアレンジしてご紹介します。

( Recette )

### 材料（直径18cm・1台分）

[ **パータ・シュー**（p.122） ]
- 薄力粉 … 120g
- 全卵 … 3〜4個
- 牛乳 … 105g
- 水 … 105g
- バター … 90g（1cm厚さに切る）
- グラニュー糖 … 5g
- 塩 … 5g
- アーモンドスライス … 適量

[ **コーヒー風味のクレーム・ムースリーヌ** ]
- バター … 250g
- グラニュー糖 … 80g
- クレーム・パティシエール A（p.126）… 165g
- インスタントコーヒー … 6g
- 湯 … 適量

[ **クレーム・パティシエール B**（p.126） ]
- … 200g

### 下準備

○ 直径1cmの星口金をつけた絞り袋を2つ、直径1cmの丸口金をつけた絞り袋をひとつ用意する。
○ オーブンシートに直径18cmと15cmの円を間隔をあけて描き、裏返して天板に敷く。
○ クレーム・ムースリーヌ用のバターは1cm厚さに切り、ボウルに入れて常温に戻しておく。
○ クレーム・パティシエール A と B は事前にp.126を参照して作り、よく冷やしておく。それぞれをボウルに取ってゴムベラでよく練り、A は常温に置き、B は冷蔵庫に入れておく。
○ シュー生地を焼くことから始まるので、先にオーブンを190℃に予熱する。

### 作り方

1. オーブンが190℃に予熱できていることを確認する。p.122を参照してパータ・シューを作る。
2. 星口金をつけた絞り袋に 1 を入れ、円を描いたオーブンシートに絞る。まず18cmの円の内側に沿って1周絞る。次に始点をずらし、その生地の内側に沿ってもう1周絞る。最後に同様に始点をずらし、これら2本の生地のつなぎ目の上に1周絞る。
3. 15cmの円の線の上に1周絞る。
4. 18cm生地の上下の生地のつなぎ目をくっつけるように生地の外側を下から上へ水で濡らしたフォークの背で線をつける。

*Astuce*
・フォークを水に濡らすと生地がくっつきにくく、作業しやすい。
・下の生地を少し持ち上げて上の生地と接着させることで形よく膨らむ。

5. 18cmの生地にアーモンドスライスをまんべんなくはりつけ、両方の生地に霧吹きで水をしっかりふり、予熱したオーブンで25分焼く。

*Astuce*
・生地を上に膨らませて焼きたいので、途中オーブンは絶対に開けない。庫内の温度が下がると、せっかく膨らんだ生地がしぼんでしまう。

6. オーブンの温度設定を170℃に下げてさらに20分焼く。

*Astuce*
・生地の膨らみを維持したまま、焦がさないように中までしっかり焼きかためる。

7. 生地が割れ目までキツネ色に焼け、触ってみてしっかりかたまっているようであれば、オーブンから取り出し、天板ごと温かいところでゆっくり冷ます。

*Astuce*
・18cmのシューは焼きかたまるのに時間がかかるので、焼き足りない場合はそちらだけオーブンに戻してさらに焼く。
・急激に冷ましたり、衝撃を与えて熱気を逃がすとしぼむことがあるので注意する。

8　コーヒー風味のクレーム・ムースリーヌを作る。常温に戻したバターをハンドミキサーの高速でほぐし、グラニュー糖を加え、再度ハンドミキサーの高速で白っぽくなるまで空気を含ませるように混ぜる。
*Astuce*
・このあと混ぜるクレーム・パティシエール Ⓐ とバターの温度が20℃程度だと乳化しやすい。

9　常温に出したクレーム・パティシエール Ⓐ を2回に分けて加え、その都度ハンドミキサーの高速でよく混ぜ、かためのマヨネーズのようなクリームにする。
*Astuce*
・クレーム・パティシエールが冷えている場合は、湯煎にかけて24℃程度に調整してからバターを加える。
・バターとクレーム・パティシエールをなめらかに乳化させたいので、面倒でもあらかじめ両者の温度を調節しておいたほうが効率がよい。

10　小さなボウルにインスタントコーヒーとごく少量の湯を入れ、指で練ってペースト状にする。

11　9に加え、ゴムベラでムラがなくなるまで混ぜる。
*Astuce*
・シューやクレーム・パティシエールと合わさったときにも存在感のあるように、コーヒーの苦味も感じるはっきりした味わいにする。

12　冷ましておいた2つのシューをそれぞれ水平に半分に切る。

13　丸口金をつけた絞り袋にクレーム・パティシエール Ⓑ を入れ、15cmの下半分のシューに搾り、上半分のシューをのせる。
*Astuce*
・生地を重ねたときにクリームが隙間なく詰まっているようにしたいので、少し山盛りになるようにクリームを絞る。

14　星口金をつけた絞り袋にコーヒー風味のクレーム・ムースリーヌを入れ、18cmのシューの下半分に底面を埋めるように1周絞り入れる。

15　14の上に13をのせて2重構造にする。

16　15cmのシューの側面を下から上になぞるようにしてクレーム・ムースリーヌを1本ずつ絞り出す。内の側面も同様に下から上に絞り出し、全体をクレーム・ムースリーヌで覆う。
*Astuce*
・縦にクリームを絞り出す際は15cmのシューの側面の曲線に沿わせるように絞り袋を動かす。
・絞るところが常に自分の正面にくるようにその都度シューを回転させながら作業する。

17　最後に15cmのシューの上にさらに1周クレーム・ムースリーヌを絞り、18cmのシューの上半分をのせ、冷蔵庫に入れて冷やしかためる。
*Astuce*
・パータ・シューもクリームも冷蔵庫の匂いを吸いやすいので、冷えかたまったらすぐ食べるのがおすすめ。そうできない場合は、冷えかたまった時点でやさしくラップで包む。

*Île-de-France* ── イル=ド=フランス

ニフレット
# Niflette

かつてシャンパーニュ伯領の首都として栄えたプロヴァンは、今なお中世の趣を残すイル゠ド゠フランス地方の街。この街で11月1日の諸聖人の日に食べられる伝統菓子がニフレットです。薄くのばしたフイユタージュの上にオレンジの花の水で風味づけしたクレーム・パティシエールを絞って焼き上げるフランス版エッグタルト。このお菓子の名前はラテン語の「泣かないで」に由来しかつて11月1日に親の墓の前で泣いている孤児たちを慰めようと配られた、思いやりの詰まったお菓子だったようです。

( Recette )

**材料**（直径10cmの円形・6個分）
**フイユタージュ・ラピッド（p.124）**… 150g
［アパレイユ］
　**クレーム・パティシエール（p.126）**… 200g
　コアントロー … 8g
［塗り卵］
　卵黄 … 1個
　水 … 少量

**下準備**
○ クレーム・パティシエールは事前にp.126を参照にして作り、よく冷やしておく。
○ 打ち粉（分量外）をふった台にフイユタージュ・ラピッドを出し、麺棒で厚さ3mm、縦横22×32cmにのばし、ラップを被せて冷蔵庫で2時間以上休ませる。
○ 直径1.5cmの丸口金をつけた絞り袋を用意する。
○ クリームを絞って焼くだけなので、先にオーブンを180℃に予熱する。

**作り方**
1　オーブンが180℃に予熱できていることを確認する。直径10cmのセルクルで、のばした生地を6枚抜き、フォークで全体をピケし、ラップを被せて冷蔵庫に入れる。
2　ボウルにクレーム・パティシエールを入れ、木ベラでよく混ぜてなめらかにし、コアントローを加え混ぜ、絞り袋に入れる。
3　1の生地をオーブンシートを敷いた天板に出し、混ぜた塗り卵をハケで塗る。
4　2のクリームを20〜30gずつ、生地の周囲を1cmあけて中央にこんもりと絞る。
5　予熱したオーブンで15分ほど焼く。生地が茶色く色づき、クリームにも焼き色がついたらオーブンから取り出し、ケーキクーラーの上にのせて冷ます。

ポン・ヌフ
# Pont Neuf

ポン・ヌフは1607年に完成したパリに現存する最古の橋の名前です。この橋とシテ島が十字に交差する様子を表現したのがこのお菓子。ポンポネット型（小さなタルト型）にフイユタージュを敷き込み、りんごジャム、パータ・シューとクレーム・パティシエールを合わせたクリームを詰め、その上に生地を十字に飾って焼き上げます。最後に十字で区切られた4つの部分を粉糖とグロゼイユ（赤スグリ）のジュレで交互に彩ります。小さいながらも手の込んだお菓子です。

Île-de-France ── イル=ド=フランス

( *Recette* )

材料（直径6.5cmのポンポネット型・6個分）

**フイユタージュ・ラピッド（p.124）… 100g**
[ アパレイユ ]
　クレーム・パティシエール（p.126）… 100g
　　グラニュー糖 … 10g
　　ラム酒 … 15g
　　生クリーム … 15g
[ パータ・シュー（p.122）]
　　薄力粉 … 20g
　　全卵 … 約35g
　　牛乳 … 20g
　　水 … 15g
　　バター … 15g（1cm厚さに切る）
　　グラニュー糖 … 1g
　　塩 … 1g
[ りんごジャム ]
　　りんご … 1個
　　グラニュー糖 … 50g
　　レモン果汁 … 5g
　　バニラのさや
　　　（中の種を使った残りのさや）… ½本分
　　レモンスライス … 1枚
　　バター … 5g
　粉糖（仕上げ用）… 適量
　木いちごまたはいちごのジャム
　　（仕上げ用）… 適量

下準備
○ クレーム・パティシエールは事前にp.126を参照にして作り、よく冷やしておく。
○ 打ち粉（分量外）をふった台にフイユタージュ・ラピッドを出し、麺棒で3mm厚さにのばし、ラップを被せて冷蔵庫で2時間以上休ませる。
○ 直径1cmの丸口金をつけた絞り袋を用意する。
○ 焼くタイミングに合わせ、オーブンを170℃に予熱する。

作り方

1　打ち粉（分量外）をふった台にフイユタージュ・ラピッドを出し、直径10cmのセルクルで6枚抜く。

2　生地をゆるませながらポンポネット型に入れ、両手の親指を使って底から順に上に向かって生地を敷き込む。乾燥しないようにラップを被せて冷蔵庫で2時間以上休ませる。
　*Astuce*
　・生地を敷き込む際、生地を引っ張りながら敷き込んでしまうと焼き縮みがひどくなるので注意する。

3　抜いて余った生地はあとで飾り紐に使うので、まとめて2mm厚さ、10×5cm程度にのばしてラップで包んで冷蔵庫で休ませる。

4　りんごジャムを作る。りんごは皮をむき、芯をくり抜く。4等分のくし形に切り、さらに5mm厚さのいちょう切りにする。鍋にりんご、グラニュー糖、レモン果汁を入れ、中火で煮る。りんごに火が入って少し透き通ってきたら、ブレンダーでピューレ状にする。

5　4を鍋に戻し入れ、バニラのさやとレモンスライスを加え、さらに火にかけて焦げつかないように混ぜながら水分を飛ばす。少し黄色みが強くなり、かためのりんごジャム程度になったら火から下ろし、バターを加えて混ぜ溶かす。ボウルに移してしっかり冷ます。

6　オーブンを170℃に予熱する。p.122を参照してパータ・シューを作る。

7　ボウルにクレーム・パティシエールを入れ、ゴムベラでよく混ぜてなめらかにする。そこにパータ・シューを加えてよく混ぜ、グラニュー糖、ラム酒、生クリームを順に加えてその都度よく混ぜる。できたクリームを絞り袋に入れる。

8　2の型を冷蔵庫から取り出し、型からはみ出た生地をナイフで切り落とす。

9　りんごジャムを15gずつ入れ、それをしっかり覆うように7のクリームを30gずつ絞り入れる。

10　3の生地を台に出し、打ち粉（分量外）をふったナイフで長さ10cm、幅2〜3mmの紐になるよう切って12本用意する。その紐を9のクリームの上にゆるませながら十字に交差させて飾り、型からはみ出た部分にハサミで切り落とす。

11　予熱したオーブンで40分ほど焼く。クリームがこんもり膨らんでキツネ色に焼けたらオーブンから取り出し、そのまま粗熱を取る。

12　粗熱が取れたら型から外してケーキクーラーの上で冷ます。

13　十字に区分けされた部分を紅白交互になるよう粉糖をふり、木いちごのジャムをコルネに詰めて絞る。

フラン・パリジャン

# Flan Parisien

フランの原型はローマ時代から存在したといわれ、フランスだけでなくヨーロッパ各地に似たようなものが見られるなど、広い地域に根づいたお菓子です。中世のフランスではフラン・パリジャンのように生地の中にクリームを流して焼いたフランがすでに登場していたようです。またファー・ブルトンやクラフティやフロニャルドのように生地を敷かずに地の果物を詰めて焼く菓子も各地方で発展しました。パリのフランはタルト生地の中にクリームを流して焼く、ごくシンプルなものという点では同じですが、近年では有名パティシエによってさまざまなフラン・パリジャンが作られ、今なお進化を続けているお菓子といえます。

( Recette )

材料 （ 直径18cm×高さ5cmのセルクル・1台分 ）

**パート・ブリゼ（p.120）**… 300g
[ フラン生地 ]
　牛乳 … 470g
　生クリーム … 160g
　バニラビーンズ … 1本
　卵黄 … 3個
　全卵 … 2個
　グラニュー糖 … 160g
　コーンスターチ … 55g

下準備

○ 打ち粉（分量外）をふった台にパート・ブリゼを出し、麺棒で約3mmの厚さで、直径約30cmの円形にのばす。
○ オーブンシートを敷いた天板にセルクルをのせ、この内側にのばしたパート・ブリゼを敷き込み、ラップを被せて天板ごと冷蔵庫で2時間以上休ませる。
○ 焼くタイミングに合わせ、オーブンを180℃に予熱する。

作り方

1　敷き込んで休ませておいたパート・ブリゼを冷蔵庫から取り出す。セルクルの上からはみ出た部分をナイフで切り落とし、生地の底面をフォークでピケして再度ラップを被せて冷蔵庫に入れる。

2　オーブンを180℃に予熱する。フラン生地を作る。鍋に牛乳、生クリームを入れる。バニラビーンズはナイフで割き、ナイフの背で中の種をしごき出してさやごと鍋に加えて火にかけ、沸騰したら火を止めて香りを牛乳に移す。

3　ボウルに卵黄、全卵、グラニュー糖を入れ、ハンドミキサーの高速で白くもったりするまで泡立てる。

4　3にコーンスターチをふるい入れ、泡立て器でよく混ぜる。

5　2を濾し器で濾しながら加え、泡立て器で均一になるまで混ぜ、もう一度鍋に戻し入れる。

6　鍋底からはみ出ない程度の強火にかけながら泡立て器で絶えず混ぜ続ける。フラン生地がもったりとして沸騰してくるので、焦げつかないように混ぜ続け、艶が出てきたら火から下ろす。

7　1を冷蔵庫から取り出し、フラン生地を流し込んだら、予熱したオーブンで1時間焼く。

8　生地の表面に濃い茶色の焼き色がついたらオーブンから取り出し、天板ごと冷ます。完全に熱が取れたら冷蔵庫に入れて中までしっかり冷やし、最後にセルクルを外す。

*Astuce*
・冷めないうちにセルクルを外すと、崩れてしまう恐れがある。

Île-de-France ── イル=ド=フランス

サン・トノーレ

# Saint Honoré

サン・トノーレは、19世紀半ば頃にクレーム・シブーストの考案者である
パティシエ・シブーストによって生み出されたお菓子だといわれています。
またこの名前は、パン職人と菓子職人の守護聖人であるサン・トノーレと、
彼の店があったパリのサン・トノーレ通りにちなんでつけられたようです。
パート・ブリゼを土台にキャラメルがけしたパータ・シューを周りに飾り、ク
レーム・シブーストを中央に絞るという構成です。小さなシューを積み重
ねてクリームを絞った1人前サイズのものもよく見かけますが、せっかく作る
のならサン・トノーレの口金でクレーム・シブーストを絞るクラシックなスタ
イルにこだわるのもいいかもしれません。

( *Recette* )

材料 （ 直径18cmの円形・1台分 ）

**パート・ブリゼ（p.120）** … 200g
全卵 … 適量
**クレーム・パティシエール（p.126）** … 100g
［ **パータ・シュー（p.122）** ］
　薄力粉 … 65g
　全卵 … 2個
　牛乳 … 55g
　水 … 55g
　バター … 50g（1cm厚さに切る）
　グラニュー糖 … 2g
　塩 … 2g
［ **キャラメル** ］
　グラニュー糖 … 120g
　水 … 5g
［ **クレーム・シブースト（イタリアンメレンゲ**
　**＋濃いクレーム・パティシエール）** ］
● *イタリアンメレンゲ*
　グラニュー糖Ⓐ … 210g
　水 … 70g
　卵白 … 135g
　グラニュー糖Ⓑ … 10g
● *濃いクレーム・パティシエール*
　粉ゼラチン … 13g
　冷水 … 65g
　牛乳 … 300g
　バニラビーンズ … 1と½本
　卵黄 … 8個
　グラニュー糖Ⓒ … 45g
　薄力粉 … 30g

下準備

○ クレーム・パティシエールは事前にp.126を
　参照にして作り、よく冷やしておく。
○ 打ち粉（分量外）をふった台にパート・ブリ
　ゼを出し、直径18cm、厚さ4mmの円形にな
　るよう麺棒でのばす。のばした生地の上に
　直径18cmのセルクルを当て、はみ出た生
　地をナイフで切り落とす。切り抜いた生地を
　フォークでピケしてラップを被せ、冷蔵庫で
　2時間以上休ませる。
○ パータ・シュー用に直径1cmの丸口金をつ
　けた絞り袋を用意する。
○ クレーム・パティシエール用に直径5mmの丸
　口金をつけた絞り袋を用意する。
○ クレーム・シブースト用に切り込み2cmのサ
　ン・トノーレ型の口金をつけた絞り袋を用意
　する。
○ 生地焼きから始まるので、先にオーブンを
　180℃に予熱する。

( *Recette* )

作り方

### パート・ブリゼとパータ・シューを焼く

1 オーブンが180℃に予熱できていることを確認する。p.122を参照しながらパータ・シューを作り、直径1cmの丸口金をつけた絞り袋に入れる。

2 オーブンシートを敷いた天板の片側に冷やしておいたパート・ブリゼをのせ、ハケでよく溶いた全卵を塗る。生地の縁の内側にパータ・シューを1周絞る。絞ったパータ・シューから間隔をあけて「の」の字を描きながらパータ・シューを1周絞る。これらのパータ・シューの上にもハケで卵液を塗る。

3 天板の片側の空いた部分に、間隔をあけながら直径2cm程度の小さなパータ・シューを18個絞り出す。水をつけたフォークの背を小さなパータ・シューの上に押し当てて格子状の線をつけ、ハケで卵液を塗り、霧吹きをふきかける。

*Astuce*
・パータ・シューの上に格子状の線をつけることで形よく丸く膨らむ。
・小さなシューは、実際使うのは14個だが予備で多めに焼く。

4 予熱したオーブンで30分ほど焼く。パート・ブリゼの全体が薄茶色に色づき、小さなパータ・シューも全体が茶色く色づき、焼きかたまったら焼き上がり。オーブンから取り出して天板ごと冷ます。

*Astuce*
・パータ・シューが焼きかたまるまでオーブンは開けないこと。開けてしまうと庫内の温度が急激に下がり、パータ・シューがしぼんでしまう。

### 小さなシューにクレーム・パティシエールを絞る

1 クレーム・パティシエールはボウルに入れ、泡立て器で混ぜてやわらかくし、艶が出てなめらかになったら、直径5mmの丸口金をつけた絞り袋に入れる。

2 小さなシューの底面に、竹串で直径5mm程度の穴をあけ、1のクレーム・パティシエールを絞り入れ、穴からはみ出てきたクリームは指でふき、穴を上にしてバットに並べる。

### キャラメルを作り、小さなシューにデコレーションしてパート・ブリゼと接着させる

1 キャラメルを作る。大きめのボウルに水を張り、天板にオーブンシートを敷く。小鍋にグラニュー糖と水を入れて中火にかけ、砂糖液が煮え立って徐々に薄茶色から濃い紅茶色になったら火から下ろし、鍋底をボウルの水に当てて火入れを止める。

*Astuce*
・大きい鍋だとキャラメルの液体の深さが足りず、このあとでシューにキャラメルをつける作業がやりづらい。

2 キャラメルの入った鍋ごと作業台に置き、サラサラの状態のキャラメルを少しだけ冷ましてとろみをつける。小さなシューの上面をキャラメルに浸してつけ、オーブンシートの上に、キャラメルの面が下になるように並べる。

*Astuce*
・キャラメルはたいへん熱いので、やけどに注意する。
・でき立てのキャラメルはサラサラの状態でシューにつけても、あまりつかないため、ほどよく冷まして濃度をつけてシューにキャラメルがのるようにしてから作業する。
・キャラメルが冷めてきて作業しづらくなったら、もう一度鍋を火にかけ、キャラメルをゆるめるとよい。

3 すべてのシューにキャラメルをつけ終わる頃には、最初のシューのキャラメルはかたまっている。キャラメルがかたまったシューをオーブンシートからはがし、今度はシューの底面にキャラメルを少しつけ、生地の縁に絞ったシューの上に並べてはりつける。

*Astuce*
・真上から見て小さなシューがきれいな円を描けているか、また真横から見てまっすぐくっつけられているかを確認しながら作業する。

---

### クレーム・シブーストを作る

1 濃いクレーム・パティシエールを作る。ボウルに粉ゼラチンと冷水を入れ、フォークなどでよく混ぜ、冷蔵庫に入れてゼラチンをふやかす。
2 この間にイタリアンメレンゲを作る。小さい片手鍋にグラニュー糖Aと水を入れ、中火にかけてシロップを作る。
3 2と同時に卵白を泡立てる。ボウルに卵白を入れてハンドミキサーの高速で混る。粗い泡ができたら、グラニュー糖B1/3量を加えて高速で混ぜる。羽の跡がうっすら残るようになったら、残りのグラニュー糖半量を加えて同様に混ぜ、はっきり羽の跡が残るようになったら残りのグラニュー糖をすべて加えて高速で混ぜ、きめ細かでしなやかな角が立つメレンゲを作る。
4 2のシロップの温度が118℃になったら火から下ろし、3のメレンゲに少しずつ垂らしながら加え、ハンドミキサーの高速で混ぜる。すべてのシロップを加えたら、さらに混ぜ続け、きめ細かくしなやかな角が立つイタリアンメレンゲにする。
5 鍋に牛乳を入れ、ナイフで割いて種をしごき出したバニラビーンズをさやごと加え、火にかけて沸騰させる。
6 ボウルに卵黄とグラニュー糖Cを入れ、ハンドミキサーの高速で泡立てる。もったりしたら薄力粉をふるい入れて泡立て器でよく混ぜ、5の牛乳を濾し器で濾しながら加える。泡立て器でムラなく混ぜ、鍋に戻し入れて中火にかけて絶えず泡立て器で混ぜる。沸騰してきたら火から下ろし、1のゼラチンを加えて泡立て器でよく混ぜて溶かし込み、ボウルに移す。

*Astuce*
・沸騰してからもずっと火にかけていると卵焼きになってきてしまうので、クリームに粘度が出て沸騰したら、火から下ろす。

7 6のクレーム・パティシエールの粗熱が取れたら、イタリアンメレンゲ半量を加えてゴムベラでさっくり合わせるように混ぜる。残りのイタリアンメレンゲをすべて加えたら、なるべく気泡を潰さないように混ぜてクレーム・シブーストにする。
8 ボウルごと冷蔵庫で20分ほど冷やし、ゼラチンによる保形力を引き出す。クレーム・シブーストに少しだけプルッとした弾力が出てきたように感じたら、最後の仕上げに入る。

---

### 仕上げる

1 小さなシューをつけた生地にクレーム・シブーストを絞る。シューで囲まれた中心にクレーム・シブーストの半量をゴムベラでこんもりとなるように盛って表面を軽くならす。
2 残りのクレーム・シブーストをサン・トノーレ型の口金をつけた絞り袋に入れ、先ほど盛ったクリームの上に左右対称になるように3列、「V」の字を少し重ねながら絞り出す。

*Astuce*
・でき立てのクレーム・シブーストはとてもやわらかいため、少し冷やしてゼラチンの保形力を引き出してから作業する。ただ冷やし過ぎるとボソボソとなって絞れなくなるので注意する。

ペイ・ド・ラ・ロワール
## *Pays de la Loire*

ロワール川下流域の大西洋に面した地域です。
海、山、川の多様な地形と穏やかな気候のおかげでさまざまな食材に恵まれており、
有名なものだとシャラン産の鴨や白ワインのミュスカデなどが知られています。
また本書のお菓子の材料にも登場するオレンジリキュール・コアントローは、
この地方のアンジェに住むコアントロー家が作り出したものです。

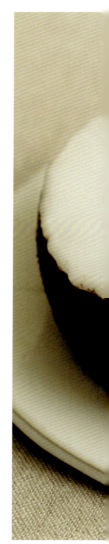

Gâteau Nantais ( *Recette* → p.94 )

ガトー・ナンテ

# Gâteau Nantais

ロワール川が大西洋に注ぐ河口にある港町・ナント。その郷土菓子であるガトー・ナンテは、上面が真っ白な糖衣で覆われ、しっとりした食感とラム酒の風味が特徴的なアーモンドケーキです。18世紀に三角貿易で栄えたナントには西インド諸島から砂糖やラム酒などがもたらされ、そうした材料を贅沢に使ってこの菓子が誕生しました。

*( Recette )* ·······················································································

材料（直径18cmの共底のケーキ型・1台分）

[ 生地 ]
　バター … 140g
　グラニュー糖 … 170g
　全卵 … 2個
　アーモンドプードル … 125g
　薄力粉 … 50g
　ラム酒 … 35g
[ グラス・オ・ラム ]
　粉糖 … 80g
　水 … 10g
　ラム酒 … 3g

下準備

○ 型に溶かしバター（分量外）をハケで塗り、冷蔵庫で冷やしておく。
○ 冷やした型に打ち粉（分量外）をふって余分な粉をはたき落とし、底面の形に合わせて切ったオーブンシートを敷き込み、再び冷蔵庫で冷やす。
○ バターは常温に戻す。
○ 全卵は溶きほぐし、湯煎にかけて20℃程度に調整する。
○ 焼くタイミングに合わせ、オーブンを170℃に予熱する。

作り方

1　生地を作る。オーブンを170℃に予熱する。ボウルに常温に戻したバターを入れてハンドミキサーの高速で混ぜ、グラニュー糖を加えて空気を含んで白っぽくなるまで高速で混ぜる。

2　温度調整した全卵を4回に分けて加え、その都度ハンドミキサーの高速で混ぜて乳化させ、マヨネーズのような艶のあるクリームにする。

3　アーモンドプードルをふるい入れ、泡立て器で粉気がなくなるまで混ぜる。

4　薄力粉をふるい入れ、ゴムベラに持ち替えて底から返すようにして混ぜる。最後にラム酒を加えてゴムベラで均一になるよう混ぜる。

5　冷蔵庫から型を取り出し、生地を流し入れる。型ごと台に打ちつけて生地の表面を平らにして予熱したオーブンで40分ほど焼く。生地が中心まで膨らみ、指で押して弾力があり、生地の縁が型から少し離れたくらいが焼き上がりの目安。オーブンから取り出し、型ごと台に打ちつけて生地中の熱気を逃す。ケーキクーラーの上で粗熱を取る。

6　粗熱が取れたらスパチュラを型の縁に沿って差し入れて生地をはがす。ケーキクーラーを当ててひっくり返して型から外し、型の底面だったほうを上にして冷ます。

7　グラス・オ・ラムを作る。ボウルに粉糖、水、ラム酒を入れてゴムベラでムラなく混ぜ、すくうと細く垂れて跡が少し残って消えていく程度の濃度にする。

8　7を生地の上面全体に流し、スパチュラでのばし広げて乾かす。

Bretagne ―

ブルターニュ

ブルターニュ
## *Bretagne*

フランスの北西、大西洋に突き出た半島に位置するブルターニュ。
5世紀に対岸のイギリスを追われたケルト民族が移り住んだことから
言語や建築に見られるようにケルト文化が色濃く残ります。
海に囲まれていることから海産物が豊富なほか、良質な塩を産するゲランドも有名です。
また海岸沿いの荒々しい風景からは意外にも、穏やかな気候で、内陸部では農業も盛んです。
ただ小麦の栽培には不向きな土壌のため、昔からそばが栽培され、
日本でも親しまれているガレットが同地の名物にもなっています。

Gâteau Breton ( *Recette* → p.98 )

ガトー・ブルトン

# Gâteau Breton

ガトー・ブルトンは表面に格子模様があり、外側はザクッと中はしっとりしてサブレとケーキの中間のような食感で、有塩バターたっぷりのブルターニュ郷土菓子です。この菓子は1867年のパリ万国博覧会でガトー・ロリアンテとしてブルターニュのパティシエ・ジャン・クリュセールが出品したのが原型です。またこのお菓子は乾いて塩が効いており、数週間の保存ができるので、南アフリカの喜望峰に航海に出る船乗りたちが食料として好んだといわれています。

( Recette ) ·······················

材料 ( 直径18cmのセルクル・1台分 )
[ 生地 ]
　有塩バター … 200g
　グラニュー糖 … 240g
　卵黄 … 5個
　薄力粉 … 270g
[ 塗り卵 ]
　卵黄 … 1個
　インスタントコーヒー … 少量
　湯 … 少量

下準備
○ 有塩バターは1cm程度の厚さに切り、500W の電子レンジで20秒ほど加熱し、指で押して簡単に跡がつく程度のかたさにする。
○ 焼くタイミングに合わせ、オーブンを160℃ に予熱する。

作り方

1 ボウルに有塩バターを入れて泡立て器で混ぜほぐし、グラニュー糖を加えて白っぽくなるまで泡立て器で混ぜる。

2 卵黄を3回程度に分けて加え、その都度泡立て器でよく混ぜて乳化させる。

3 薄力粉をふるい入れ、カードに持ち替えて切るように混ぜる。切り混ぜては生地を折り重ねる動きを繰り返して均一に混ぜる。
*Astuce*
・1〜3の工程はバターを溶かさず、薄力粉を加えてからは練らないように混ぜる。

4 3の生地を平たくまとめてラップで包み、冷蔵庫で2時間休ませる。

5 オーブンを160℃に予熱する。打ち粉（分量外）をふった台に生地を出し、麺棒で直径18cm程度の円形にのばす。オーブンシートを敷いた天板にセルクルを置き、生地を入れてセルクルに合わせるように手で押し広げる。

6 塗り卵を作る。インスタントコーヒーを湯で溶いてコーヒー液を作り、小さなボウルに入れた卵黄に少量加えて薄茶色の塗り卵にする。

7 6をハケで生地の表面に薄く塗る。天板ごと冷蔵庫に入れて表面を乾かし、再度塗り卵を塗って冷蔵庫に入れて乾かす。
*Astuce*
・塗り卵がだれない程度に乾かすことで、あとでつける模様をきれいに出すことができる。

8 塗り卵が手につかない程度に乾いたらフォークで生地の表面に格子模様を描き、予熱したオーブンで65〜70分焼く。

9 キツネ色に焼け、竹串で中心を刺したときに生地がつかず、指で押したときに弾力があることを確認できたら、天板ごと粗熱を取り、セルクルを外してケーキクーラーの上で冷ます。
*Astuce*
・厚みがある生地をやや低めの温度で焼くので、火が入るのに時間がかかる。
・外側がサクッと、中がしっとりしているのが特徴のお菓子なので、焼き過ぎて中心までサクサクにしないようにする。

*Bretagne* ── ブルターニュ

パレ・ブルトン

# Palets Bretons

日本でよく見る厚焼きサブレはガレット・ブルトンヌと呼ばれますが、現地
のガレット・ブルトンヌはさまざまあるものの、日本のものよりも薄いサブレを
指すようです。本書では現地に倣ってこの厚焼きサブレを「パレ・ブルトン」
と呼んでいます。バターが多めの配合の風味豊かなサブレで、イギリスか
らケルト人が移住したことで、イギリス菓子のショートブレッドの影響を受け
たという説もあります。

( *Recette* ) ........................................................................................................................................

**材料** ( 直径6cmのセルクル・約12個分 )

有塩バター … 275g
粉糖 … 175g
卵黄 … 3個
薄力粉 … 350g

**下準備**

○ 焼くタイミングに合わせ、オーブンを170℃
に予熱する。

**作り方**

*1* ボウルに有塩バターを入れ、木ベラでたたいて練られる
程度のかたさにする。

*2* 粉糖を加え、ボウルの側面に押しつけるように木ベラを
動かし、バターに粉糖をすり込むように混ぜる。

*3* 卵黄を加え、さらに均一に練り混ぜる。

*4* 薄力粉をふるい入れ、カードに持ち替えて切るように混
ぜる。切り混ぜては生地を折り重ねる動きを繰り返して
均一に混ぜる。

*Astuce*
・1〜4の工程はバターを溶かさないように、また薄力粉を加え
てからは練らないようにする。

*5* 4の生地を2〜3cm厚さに平たくまとめ、ラップで包んで
冷蔵庫で2時間休ませる。

*6* 打ち粉（分量外）をふった台に生地を出し、麺棒で1.5cm
厚さにのばす。

*Astuce*
・生地の両側に1.5cm程度の角材や本などを置き、そこに麺棒
を渡してのばすと均一の厚さにのばすことができる。

*7* 6をラップで包み、20〜30分冷凍庫で冷やしかためる。
オーブンを170℃に予熱する。

*Astuce*
・しっかり冷やしかためることで、型抜きする際に形が崩れない。

*8* 台に打ち粉（分量外）をふって冷えてかたくなった生地を
出し、打ち粉（分量外）をつけた直径6cmのセルクルで
抜き、オーブンシートを敷いた天板に並べる。

*9* 直径6.5cmのセルクルを生地に被せ、予熱しておいたオーブ
ンで20分ほど焼く。

*Astuce*
・バターが多く、厚みのある生地なので焼いている間に生地が
だれて広がるが、セルクルを被せることで厚みと形を維持してき
れいな形に焼き上げることができる。

*10* キツネ色に焼けたら天板ごと粗熱を取る。セルクルを外
してケーキクーラーの上でさらに冷ます。

クレープ
# Crêpe

ブルターニュでは十字軍がもたらしたそばの栽培が盛んになり、そば粉を使った薄焼きのガレットが食べられるようになり、その後小麦粉を使った薄焼きのクレープが生まれました。ガレットは食事として卵や野菜などと一緒に食べられ、クレープはお菓子としてバターや砂糖をかけて食べられます。フランスでは2月2日の聖燭祭に家族や友人と一緒にクレープを焼いて楽しむ風習があります。このお祭りは、もともと古代ローマ人が羊の神様を祭って蝋燭を持って夜通し町を練り歩いたのが始まりで、その伝統がキリスト教に引き継がれてできたもの。クレープを食べる理由には諸説ありますが、クレープがブルターニュという地域を超えて、フランス人のイベントとして定着していることは興味深いです。

( *Recette* )

材料 （直径20cm・約7枚分）

[ クレープ生地 ]
　バター … 15g
　全卵 … 2個
　薄力粉 … 250g
　グラニュー糖 … 15g
　塩 … ひとつまみ
　牛乳 … 375g
**キャラメル・オ・ブール・サレ**
　**（下記参照）**… 適量

下準備

○ 全卵は殻のまま40℃程度の湯につけて人
　肌程度に温める。
○ バターは600Wの電子レンジで30秒程度
　加熱し、熱い溶かしバターを作る。

作り方

1　ボウルに薄力粉をふるい入れ、グラニュー糖と塩を加える。

2　別のボウルに温めた全卵を割り入れ、泡立て器でよく溶きほぐし、そこに熱い溶かしバターを加えてよく混ぜる。

3　粉類に2を一度に加え、泡立て器で水分を粉に行き渡たらせるように混ぜたらよく練り上げる。

4　牛乳を4回に分けて加え混ぜる。1回目はダマが消えるようによく混ぜ、均一に混ざったら次というように徐々に生地を水分でのばす。

5　テフロン加工のフライパンをしっかり熱し、クレープ生地をレードルですくって流す。フライパンを傾けながら生地を全体に広げ、1分ほど焼く。こんがり焼き色がついたら裏返し、裏面は軽く焼いて皿の上などに重ねる。残りの生地も同様に焼く。

6　クレープを三角に折りたたんで皿の上に盛り、キャラメル・オ・ブール・サレをスプーンですくってかける。

*Astuce*
・キャラメルが冷えている場合は、必要な分量だけ500Wの電子レンジで10秒程度温めてゆるめる。

---

キャラメル・オ・ブール・サレ

# Caramel au beurre salé

ブルターニュでは、特産の有塩バターを使ったキャラメルを至るところで見かけます。キャラメルのコクは焦がし具合がポイント。家庭でも意外に簡単に作れるので、やけどに注意して作ってみてください。

( *Recette* )

材料 （作りやすい分量）

グラニュー糖 … 200g
水 … 60g
バター … 40g
生クリーム … 200g
塩 … 1g

作り方

1　深さのある鍋にグラニュー糖と水を入れ、木ベラで混ぜて鍋底からはみ出ない程度の強めの中火にかける。

2　液体が沸き立ち、粘り気が出てきて縁のほうから薄茶色に色づき始めたら、少し火を弱める。徐々に茶色が濃くなり、濃い紅茶の色になったら火を止める。

3　すぐにバターを加え、再度中火にかけて泡立て器でバターを混ぜ溶かす。

4　バターが溶けたら生クリームを一度に加え、沸き立つ蒸気がおさまったのを目視で確認してから泡立て器でよく混ぜる。均一に混ざったら塩を加え混ぜ、軽くひと煮立ちしたら火を止める。

*Astuce*
・生クリームを加えるとキャラメル液が一気に沸き立ち、鍋の上のほうに目には見えない高温の蒸気が上がるので、絶対に手を近づけない。必ず蒸気がおさまってから混ぜること。
・キャラメルの工程はかなり高温になるので、周囲に物を置かないように注意する。

5　でき上がったキャラメルを耐熱の保存瓶に流し入れ、フタをせずに常温で冷ます。

6　冷めたらフタをして冷蔵庫で保存する。冷蔵庫で2週間保存可能。

*Astuce*
・冷めるまで保存容器も高温なので、倒さないように注意する。

バス=ノルマンディー
## Basse-Normandie

フランスの北、英仏海峡に面するノルマンディーは、
10世紀に北欧から来たヴァイキングによって建てられたノルマンディー公国が始まりです。
英仏の領土争いや第二次世界大戦のノルマンディー上陸作戦の戦地になるなど、
波乱の歴史がある一方、今では穏やかな海と田園の美しい風景が広がります。
フランス随一の酪農地帯でカマンベールチーズやクリームやバターの生産も盛んです。
また海産物が豊富なほか、りんごの栽培とそれを原料にしたシードルやカルヴァドスなども有名。
西には遠浅の海に健つ有名な修道院モン・サン・ミッシェルがあります。

サブレ・ノルマン
## Sablé Normand

サブレとはサクサクした食感とバターのよい香りが特徴のフランス生まれの
クッキーです。材料はバターに小麦粉、砂糖、卵とシンプルなだけに良
質なバターで作られるサブレ・ノルマンは風味も格別。また固茹で卵の
卵黄を濾して混ぜる作り方もあり、ホロホロと口の中でもろく崩れる食感が
おもしろいので、今回はそれを紹介します。

( Recette )

材料（直径5cmの菊型・約10枚分）

固茹で卵 … 2個
バター … 120g
粉糖 … 80g
塩 … 1g
薄力粉 … 160g
シナモンパウダー … 適量

下準備
- 固茹で卵は殻をむき、卵黄を取り出して濾し器で裏濾しする。
- バターは1cm程度の厚さに切り、ボウルに入れて常温でやわらかくする。
- 焼くタイミングに合わせ、オーブンを160℃に予熱する。

作り方
1. バターのボウルに粉糖と塩を加えてゴムベラで練り混ぜ、裏濾しした卵黄を加えてさらに混ぜる。
2. 薄力粉をふるい入れ、カードに持ち替えて切るように混ぜては、生地を折り重ねて均一な生地にする。
3. 生地を平たくまとめてラップで包み、冷蔵庫で2時間休ませる。
4. 打ち粉（分量外）をふった台に生地を出し、麺棒で5mm厚さにのばす。ラップを被せ、冷蔵庫で30分休ませる。オーブンを160℃に予熱する。
5. 打ち粉（分量外）をふった台に生地を出し、型に打ち粉（分量外）をふって生地を抜き、オーブンシートを敷いた天板に並べる。
6. 生地の上にシナモンパウダーを軽くふり、予熱したオーブンで15～20分焼く。
7. オーブンから取り出し、ケーキクーラーの上で冷ます。

オート=ノルマンディー
## *Haute-Normandie*

バス=ノルマンディーの東の地域がオート=ノルマンディー。
バス=ノルマンディーと同様にバターや生クリーム、チーズなどの乳製品やりんごが特産です。
中心都市のルーアンは中世からの古都で、ゴシック建築の代表格ルーアン大聖堂があります。
歴史的には百年戦争で捕虜となったジャンヌ・ダルクが火刑に処せられた地としても知られています。

ミルリトン・ド・ルーアン

# Mirliton de Rouen

ミルリトンは小さなタルト型にフイユタージュを敷き込み、クレーム・ダマンドを詰めて焼く素朴なお菓子で、地域ごとに異なる特徴を持っています。ルーアンのミルリトンは、乳製品の豊富な北部らしく生クリームをクレーム・ダマンドに混ぜ込み、ふんわりやさしい風味に焼き上げます。

( Recette )

**材料（直径6.5cmのポンポネッ~型・6個分）**
**フイユタージュ・ラピッド（p.124）**… 100g
[ **クレーム・ダマンド** ]
　　バニラビーンズ … 2cm
　　グラニュー糖 … 70g
　　全卵 … 1個
　　アーモンドプードル … 50g
　　生クリーム … 40g
粉糖（仕上げ用）… 適量

**下 準 備**
○ バニラビーンズはナイフで割き、ナイフの背で種をしごき出し、グラニュー糖と一緒に指ですり混ぜてバニラシュガーを作る。
○ 焼くタイミングに合わせ、オーブンを160℃に予熱する。

**作り方**

1　フイユタージュ・ラピッドは麺棒で厚さ3mm、縦横32×22cmにのばし、ラップを被せて冷蔵庫で2時間以上休ませる。

2　打ち粉（分量外）をふった台に生地を出し、直径10cmのセルクルで6枚抜く。生地をゆるませながらポンポネット型に入れ、両手の親指を使って底の部分から上に向かって生地を型に敷き込む。乾燥しないようにラップを被せて冷蔵庫で2時間以上休ませる。

*Astuce*
・生地を敷き込む際、生地を引っ張りながら敷き込んでしまうと焼き縮みがひどくなるので注意する。

3　オーブンを160℃に予熱する。クレーム・ダマンドを作る。ボウルに全卵を割り入れ、バニラシュガーとアーモンドプードル、生クリームを順に加えながら、その都度ゴムベラで気泡を入れないようによく混ぜる。

4　2を冷蔵庫から取り出し、型からはみ出た部分の生地をナイフで切り落とす。

5　4にクレーム・ダマンドを35gずつ量り入れる。

6　粉糖をたっぷりふるい、粉糖が少し溶けたら再度たっぷりふるう。型の縁についた粉糖を指でふき取る。

7　予熱しておいたオーブンで35〜40分焼く。クレーム・ダマンドが膨らみ、薄茶色に色づいたら焼き上がり。そのまま粗熱を取り、粗熱が取れたら型から出してケーキクーラーの上で冷ます。

*Astuce*
・アーモンドクリームが割れないよう、低めの温度でやさしくじっくり焼き上げる。

*Nord-Pas-de-Calais*

ノール・パ・ド・カレー
## *Nord-Pas-de-Calais*

フランス最北端にあり、ベルギーと国境を接する地域で
かつてベルギーやオランダの一部を含むフランドル地方に属していました。
そのため、言語やビール文化である点など隣国の影響が強くみられます。
特産物では海の幸が豊富なほか、酪農も盛んでチーズも生産しています。
農業ではアンディーヴや砂糖用のビーツが多く栽培されていて、
その粗糖であるヴェルジョワーズはこの地域のお菓子にもよく使われます。

Tarte au Sucre ( *Recette* → p.110 )

タルト・オ・シュクル

# Tarte au Sucre

日本語で直訳すると「砂糖のタルト」。北フランス特産のヴェルジョワーズという砂糖が主役の菓子パンです。ヴェルジョワーズはビーツを製糖したあとに残る糖蜜から作られる褐色の砂糖で、黒糖に似た独特の風味とコクがあります。素朴な見た目ながら、ヴェルジョワーズやクリーム、バターといった北フランスの特産品がギュッと詰まった、味わい深いお菓子です。

*Nord-Pas-de-Calais* ── ノール・パ・ド・カレー

( *Recette* )

**材料**（直径18cmの円形・1枚分）

[ 生地 ]
　バターA … 60g
　全卵 … 1個
　牛乳A … 20g
　ドライイースト … 3g
　グラニュー糖A … 1g
　牛乳B … 10g
　薄力粉 … 130g
　グラニュー糖B … 15g
　塩 … 3g

[ 仕上げ用 ]
　全卵 … 適量
　生クリーム … 適量
　バター … 15g
　ヴェルジョワーズ
　　（または粉末黒糖）… 適量

**下準備**
○ バターAは1cm角に切って常温にする。
○ 全卵はボウルに溶き、牛乳Aと合わせて湯煎で人肌に温める。
○ 牛乳Bは湯煎で人肌に温める。
○ オーブンシートに直径18cmの円を描き、裏返して天板に敷く。
○ 二次発酵完了の30分ほど前に、オーブンを190℃に予熱する。

**作り方**

1　生地を作る。小さなボウルにドライイースト、グラニュー糖A、温めた牛乳Bを入れてよく混ぜ、ラップを被せて30℃程度の温かいところで10分ほど予備発酵させる。プップツと細かい泡が表面全体を覆ったら予備発酵完了。

2　大きめのボウルに薄力粉をふるい入れ、グラニュー糖Bと塩を加えてゴムベラで軽く混ぜる。

3　2のボウルに1と全卵と牛乳を合わせた液体を加え、ゴムベラで混ぜて粉類と液体を馴染ませる。

4　生地がまとまってきたら、打ち粉（分量外）をふった台に生地を出す。生地をつかんで台に打ちつけ、手前の生地を奥へ折りたたむように重ねる。カードで台についた生地をすくいはがし、また打ちつけて奥へ折りたたむという動作を繰り返す。

5　生地がなめらかになってきたら生地を台に置いたまま、ボウルを被せて20分ほど置く。

*Astuce*
・捏ねている途中で小休止を挟むことで生地がつながってやわらかくなり、のびが出る。

6　生地の表面を両手の指でつまんでのばすと、薄い膜が張るようになっていることが確認できたら、生地を手でのばし広げてその上にバターAをちぎって散りばめ、生地にバターを入れ込むように捏ねる。4と同じ動作を繰り返して生地全体にバターを馴染ませる。

7　表面を張らせるように生地を丸めてボウルに入れ、ラップを被せて30℃程度の場所で2時間ほど一次発酵させる。

8　生地が1.5倍程度に膨らんだら、人差し指に打ち粉（分量外）をつけて生地に突き刺し、その穴が元に戻らなければよい。穴が戻るようなら発酵が足りないのでもうしばらく置く。

9　打ち粉（分量外）をふった台に生地を出し、両手でパンチをして軽くガスを抜き、表面を張らせるように丸め、麺棒でやさしく18cm程度の円形にのばす。

10　円を描いたオーブンシートを敷いた天板に生地をのせる。円に沿うようにやさしくのばし広げ、生地の縁が土手のように少し高くなるように成形する。

*Astuce*
・生地の中のガスを抜ききらぬよう、やさしくのばし広げる。

11　天板ごと大きなポリ袋をふんわり被せて30℃程度の場所で1時間～1時間半二次発酵させる。発酵完了の30分前にオーブンを190℃に予熱する。

12　生地がふんわり膨らんで縁の土手がなくなったら、打ち粉（分量外）をつけた人差し指で生地全面に10か所程度凹みを作る。

13　仕上げ用の全卵をよく溶いてハケで2度塗り、続けて生クリームをたっぷり塗る。バターをちぎりながら全体に散りばめ、ヴェルジョワーズを全体にたっぷりふる。

14　予熱しておいたオーブンで15分ほど焼く。こんがり茶色の焼き色がついたらオーブンから取り出し、ケーキクーラーの上で冷ます。

Picardie ──────── ピカルディ

ピカルディ

*Picardie*

フランスの北、オート=ノルマンディーの東隣に位置するピカルディは
ほかの北フランスの地域と特産物や文化は似ています。
中心都市のアミアンは中世ゴシック建築の大聖堂や運河があることで有名です。

Macaron d'Amiens ( *Recette* → p.115 )

*Picardie* ピカルディ

マカロン・ダミアン
# Macaron d'Amiens

*アミアンの名物菓子がマカロン・ダミアン。見た目は厚焼きのクッキーのようで、パリのマカロンともほかの地方のひび割れたマカロンなどとも異なる姿をしています。その起源は不明ですが、今でもこの伝統のマカロンを作り続ける老舗のパティスリーがあり、人々の人気を博しています。ごく素朴な外見とは裏腹に、外側はザクッと中はねっちりした食感にアーモンドとバニラの香りが口の中で豊かに広がります。*

( *Recette* ) ......................................................................................................

### 材料 （ 直径4cmのマカロン・15個分 ）

アーモンドプードル … 300g
はちみつ … 30g
アプリコットジャム … 30g
卵白 … 50g
バニラビーンズ … ¼本
グラニュー糖 … 200g

### 下準備

○ バニラビーンズはナイフで割き、ナイフの背で種をしごき出し、指でグラニュー糖とすり混ぜてバニラシュガーを作る。
○ 焼くタイミングに合わせ、オーブンを180℃に予熱する。

### 作り方

1 大きめのボウルにアーモンドプードルをふるい入れ、バニラシュガーを加えて手でさっと混ぜる。

2 はちみつとアプリコットジャムを加え、粉類に水分を行き渡らせるように捏ねるように混ぜる。

3 卵白を一度に加えて手でよく混ぜ、生地のかたまりを作る。
*Astuce*
・やわらかめの粘土のような生地にする。

4 生地を2等分にして直径4cmの棒状にのばし、それぞれラップで包んで冷凍庫で3〜4時間冷やしかためる。焼く30分前にオーブンを180℃に予熱する。

5 4の生地を包丁で2cm幅に切る。

6 オーブンシートを敷いた天板に断面を上にして生地を並べ、中心を指で押して少し凹ませる。

7 予熱しておいたオーブンで15〜20分焼く。生地の周囲に焼き色がつき、中心はやや膨らむが色づきはしない程度が目安。オーブンから取り出し、オーブンシートごとケーキクーラの上で冷ます。
*Astuce*
・冷めるまではやわらかく、崩れやすいので扱いに注意する。

## *Recette* de Détournement
流用のレシピ

*Recette* de Détournement ⸻⸻⸻⸻⸻⸻⸻⸻（ 流用のレシピ ）

パート・シュクレ

# Pâte Sucrée

砂糖入りの甘い生地で、カチッとした焼き上がりとサクッと崩れる食感が特徴。
タルトの土台などに使われます。後々のタルト生地の敷き込みの際の作業性や、
焼き上げた際の食感をよくするため、当店では生地作りの段階から
できるだけバターをやわらかくし過ぎないように作っています。

使用レシピ　　Tarte au Fromage Blanc（ *Recette* → p.20 ）
　　　　　　　Fénétra（ *Recette* → p.56 ）
　　　　　　　Tarte aux noix du Périgord（ *Recette* → p.73 ）

（ *Recette* ）⸻⸻⸻⸻⸻⸻⸻⸻⸻⸻⸻⸻⸻⸻⸻⸻⸻⸻⸻⸻⸻⸻

**材料**（ でき上がり分量・約390g ）

バター … 120g
薄力粉 … 250g
粉糖 … 70g
塩 … ひとつまみ
全卵 … 1個

**下準備**

○ バターは1cm厚さに切って冷蔵庫で冷やす。
○ 残りの材料は計量して冷蔵庫で冷やす。

**作り方**

*1* バターをボウルに入れて木ベラでたたいて少しやわらかくし
（*A*）、粉糖と塩を加え（*B*）、ボウルの側面に押しつけるよう
にしてすり混ぜ、バターと馴染ませる（*C*）。
*Astuce*
・バターを溶かさないように手早く混ぜる。

*2* 薄力粉をふるい入れ、*1*と同様に木ベラでバターと粉をすり混
ぜる（*D*）。バターと粉が馴染んだら、両手で粉をすくってそ
のまま指を交差させながらすり合わせ（*E*）、バターの塊を細
かくする（*F*）。
*Astuce*
・バターを溶かさないように手早く行う。
溶かしてしまうと焼いたときにかたい食感になってしまうため、
バターが溶けそうだと思ったらボウルごと一度冷蔵庫に入れて冷やす。
・バターが薄力粉をまといながら
どんどん細かくなっていくイメージで混ぜる。

*3* 全卵をよく溶きほぐして加え（*G*）、カードで生地と卵液を馴染
ませる。切り混ぜては折り重ねる動きを繰り返しては均一に混
ぜる（*H*）（*I*）。
*Astuce*
・できるだけ捏ねずにカードで切っては折り重ねるようにして
グルテンの形成を抑えてサクッとした食感の生地にする。

*4* 手で生地を少し捏ねて平らにまとめて生地をラップで包み（*J*）、
冷蔵庫で2時間以上休ませたら使うことができる。冷蔵庫で
3日、冷凍庫で1か月保存可能。
*Astuce*
・完成した生地は小分けにしてラップで包み、
さらに冷凍用保存袋に入れると、冷凍焼けを防ぐことができる。
使う際には必要量を冷蔵庫で解凍する。

*Recette* de Détournement ──────────── （流用のレシピ）

パート・ブリゼ
# Pâte Brisée

サクサク、ホロホロと崩れるような食感が特徴の甘くない生地です。
タルトなどの土台としてよく使われます。
食感をよくするため、バターを溶かさないように生地を作ることが肝心です。

| 使用レシピ | Tourteau Fromagé （ *Recette* → p.61 ） |
|---|---|
| | Tarte Tatin （ *Recette* → p.77 ） |
| | Flan Parisien （ *Recette* → p.86 ） |
| | Saint Honoré （ *Recette* → p.89 ） |

*A*

( *Recette* )

材料 （でき上がり分量・約340g）
バター … 90g
薄力粉 … 180g
卵黄 … 3個
塩 … 3つまみ
水 … 15g

下準備
○ バターは1cm角に切って冷蔵庫で冷やす。
○ 薄力粉は冷蔵庫で冷やす。
○ 卵黄、塩、水は合わせてよく混ぜ、冷蔵庫で冷やす。

*B*

作り方

1 ボウルに薄力粉をふるい入れ、バターを加えて両手の親指と人差し指で手早くすり混ぜる（*A*）。バターに薄力粉を入れ込んでいくようなイメージで作業する。ときどき両手で粉をすくい、そのまま指を交差させながらすり合わせて塊を細かくしていく。
*Astuce*
・バターを溶かさないように手早く行う。
バターが溶けそうになったらボウルごと一度冷蔵庫に入れて冷やす。

*C*

2 バターが細かくなり、薄黄色のしっとりとした粉になったら用意しておいた卵液を一度に加えてカードで混ぜて液体を粉に行き渡らせる。切り混ぜては折り重ねる動作を繰り返して均一に混ぜる（*B*）（*C*）。
*Astuce*
・バターが溶けてしまうと、焼いた際のサクサクとした食感が損なわれる。
・薄力粉のグルテンをなるべく形成しないように捏ねないことを意識する。

*D*

3 生地がある程度均一に混ざったら、平らにまとめ（*D*）、ラップで包む（*E*）。冷蔵庫で2時間以上休ませたら使うことができる。冷蔵庫で3日、冷凍庫で1か月保存可能。
*Astuce*
・完成した生地は小分けにしてラップで包み、
さらに冷凍用保存袋に入れると、冷凍焼けを防ぐことができる。
使う際には必要量を冷蔵庫で解凍する。

*E*

*Recette* de Détournement ——————————————————————————————————（ 流用のレシピ ）

パータ・シュー
## Pâte à Choux

焼く前に火を通しながら作る独特な生地です。
パータ・シューの生地が形よく膨らむために、
材料や、作る工程のひとつひとつがいずれも欠かせないものです。
焼き上げでは水分をしっかり飛ばし、香ばしくサクッとした食感を目指します。

使用レシピ　Paris-Brest ( *Recette* → p.80 )　　Saint Honoré ( *Recette* → p.89 )
　　　　　　Pont Neuf ( *Recette* → p.84 )

( *Recette* )

材料（でき上がり分量・約300g＊）

薄力粉 … 60g
全卵 … 2個
牛乳 … 55g
水 … 50g
バター … 45g（1㎝厚さに切る）
グラニュー糖 … 3g
塩 … 3g

＊流用のレシピは各ページに記載されている分量で材料を用意し、本ページの作り方を参考にして作る。

下準備
○ 全卵は殻のまま40℃程度の湯につけて人肌程度に温め、ボウルに割り入れてよく溶きほぐす。
○ 薄力粉はふるう。

作り方

1　鍋に牛乳、水、バター、グラニュー糖、塩を入れて中火にかける（A）。バターが完全に溶けたら、強火にして液体を中心までしっかり沸騰させる（B）。

2　液体が沸き上がってきたら火を止め、すぐに薄力粉を一度に加え（C）、粉のダマを残さないように木ベラで粉類と液体をよく混ぜ、餅のような生地を作る（D）。

3　鍋を再度中火にかけ、木ベラで生地を鍋底や鍋肌に押し広げたり、まとめたりして混ぜながら火を通す。透明感のない白濁した生地にわずかに透け感が出たら、火から下ろす（E）。
*Astuce*
・パータ・シューに欠かせないのびのよい生地を作るため、粉に火を入れて糊化させる。念入りにやり過ぎると焦げたり、油が分離してくるので注意する。

4　生地をボウルに移し、温めた卵液を1/3量加え（F）、生地に卵液を入れ込むような感覚で木ベラで切り混ぜる（G）。生地に卵液が馴染んだら残りの半量を加えて同様に混ぜる。モロモロしていた生地に卵液が馴染み、黄色い餅のようになる。残りの卵液を1/6量ほどを残して加え、木ベラでしっかりと捏ね混ぜてなめらかな生地にする。木ベラで生地をすくって傾けたときに生地がゆっくりと落ち、木ベラに残って垂れ下がった生地が逆三角形になるようにする（H）。でき上がりの生地は人肌程度の温かさが目安。
*Astuce*
・生地が途中で切れて逆三角形にならないときは残しておいた卵液を適宜加え、しっかりと混ぜて再度確認する。
・卵液が冷たいと生地の温度が急激に下がってかたい生地になり、それをゆるめるために余分に卵液を加えることになるので、卵を温めておくことが大切。
・生地を捏ね混ぜるのは力が必要な作業だが、時間をかけ過ぎると生地温度が下がるので、なるべく手早く行う。
・生地のかたさを確認する方法として生地5g（小さじ1）程度を親指と人差し指でつまみ、指をゆっくりと離したときに生地がちぎれずに5〜6㎝のびるのがちょうどよいかたさ。

5　生地が温かいうちに口金付きの絞り袋に入れて絞り出し、水で濡らしたフォークで線をつけ（I）、焼く前にはたっぷり水を吹きかける（J）。

*Recette* de Détournement ———————————————————————— （ 流用のレシピ ）

フイユタージュ・ラピッド

# Feuilletage Rapide

速成折り込みパイともいわれます。
通常の折り込み生地に比べると、層が不均一でやや浮きが劣りますが、
手軽に作れて十分美味しいパイができ上がります。
冷凍もできるので、小分けに保存しておくと便利です。

---

使用レシピ　　　Niflette（ *Recette* → p.83 ）
　　　　　　　　Pont Neuf（ *Recette* → p.84 ）
　　　　　　　　Mirliton de Rouen（ *Recette* → p.107 ）

---

（ *Recette* ）————————————————————————————————————

材料（でき上がり分量・約590g）

強力粉 … 130g
薄力粉 … 120g
塩 … 5g
バター … 220g
冷水 … 120g

下準備
○ 強力粉と薄力粉はボウルに合わせて冷蔵庫
　で冷やす。
○ バターは1cm角に切って冷蔵庫で冷やす。
○ 氷水で冷水を作り、使う際に氷を除いて計
　量する。

作り方

1　大きいボウルに冷やしておいた粉類をふるい入れる（A）。塩を
　加えて軽く混ぜ、角切りにしたバターを散らしながら加える（B）。

2　カードで全体を軽く混ぜ、（C）、全体に冷水を回しかける（D）。
　粉に水分を吸わせるように軽く混ぜる（E）。

3　ところどころにバターの塊が残った状態で生地をひとまとめにし
　（F）、平たくまとめてラップで包み（G）、冷蔵庫で1時間ほ
　ど休ませる。

4　作業台と生地にしっかりと打ち粉（分量外）をふり、麺棒を生
　地に小刻みに押しつけるように動かして中心から上下に向
　かってのばす。

5　ある程度生地がのびたら麺棒を転がし、25×50cmの帯状に
　のばし（H）、生地を三つ折りにする（I）。

6　台と生地に打ち粉（分量外）をふり直し、生地を90℃回転させ、
　同様にのばして中心に向かって三つ折りにする（J）。

7　ラップで生地を包み、冷蔵庫で1時間休ませる。
　*Astuce*
　・1回目の折り込みはバターがべたついてのばしづらいが、その場合
　はカードで生地を作業台からはがして作業台もカードでこそげてきれ
　いにして打ち粉をふり直して根気よくのばす。ただ余分に打ち粉をふ
　り過ぎると、生地が割れるので注意する。

8　1時間後5〜6の工程を繰り返し、再度生地を冷蔵庫で1時
　間休ませる。この作業をもう一度、計3回繰り返して冷蔵庫
　でひと晩休ませたら完成。冷蔵庫で3日、冷凍庫で1か月保
　存可能。

9　*Astuce*
　・完成した生地は切り分けてラップで包み、
　さらに冷凍用保存袋に入れると、冷凍焼けを防ぐことができる。
　使う際には必要量を冷蔵庫で解凍する。

*Recette* de Détournement ⸻⸻⸻⸻⸻⸻ （ 流用のレシピ ）

クレーム・パティシエール
# Crème Pâtissière

フランス菓子には欠かせない基本のクリームです。
しっかり粉に火を通すことで美味しいクレーム・パティシエールになります。
火を通して混ぜていくと最初は軽いですが、徐々に重くなります。
ただ、この時点ではまだ粉に火が通っていないので
さらに根気よく混ぜながら火を通し、ゆるまって艶が出たときができ上がりの目安です。

使用レシピ　　Dacquoise（ *Recette* → p.70 ）　　Pont Neuf（ *Recette* → p.84 ）
　　　　　　　Paris-Brest（ *Recette* → p.80 ）　　Saint Honoré（ *Recette* → p.89 ）
　　　　　　　Niflette（ *Recette* → p.83 ）

（ *Recette* ）⸻⸻⸻⸻⸻⸻⸻⸻⸻⸻⸻⸻⸻⸻⸻⸻⸻

**材料**（でき上がり分量・約700g）

牛乳 … 480g
バニラビーンズ … ¼本
卵黄 … 5個
グラニュー糖 … 130g
薄力粉 … 50g

**作り方**

1　鍋に牛乳を入れる。バニラビーンズは包丁で割いて種をしごき出し、さやごと鍋に加えて中火にかけて沸騰させる。
　*Astuce*
　・泡立て器で混ぜながら作業するのでステンレス製の鍋が好ましい。

2　ボウルに卵黄とグラニュー糖を入れる。ハンドミキサーの高速で白っぽくなり、ミキサーの羽からリボン状に垂れるまで混ぜる（ *A* ）（ *B* ）（ *C* ）。

3　薄力粉をふるい入れ（ *D* ）、泡立て器でムラなく混ぜる。

4　3のボウルに1の牛乳を濾し器で濾し入れ（ *E* ）、バニラの種を残さぬように濾したら泡立て器でよく混ぜる。この液体を鍋に戻し入れ、鍋底からはみ出ない程度の強めの中火にかける。

5　火にかけながら泡立て器で絶えず混ぜる（ *F* ）。徐々にサラッとしていた液体に濃度がついて混ぜるのに力がいるようになる（ *G* ）。もうしばらくすると沸騰し始め、泡立て器にギュッと絡みついていた重いクリームがゆるくなり、艶が出て、泡立て器で持ち上げるとツーと流れ落ちるように変わる（ *H* ）。この状態になったら炊き上がり。

6　バットや保存容器に移し、空気を含まないようにクリームの上にラップをぴったり密着させて被せ（ *I* ）、上下から保冷剤を当てて急冷する（ *J* ）。
　*Astuce*
　・傷みやすいクリームなので水がつかないように
　ラップをぴったり密着させ、すぐに冷やす必要がある。

7　粗熱が取れたらその状態のまま冷蔵庫に入れ、芯までしっかりと冷やす。冷えたら保冷剤を外して保管する。2〜3日で使い切るのが望ましい。
　*Astuce*
　・使う際は、冷えかたまったクリームを必要量だけボウルに取り、木ベラや泡立て器でよく練って混ぜ戻し、やわらかく艶のある状態にする。

127

参考文献　〔書籍〕　河田勝彦『「オーボンヴュータン」河田勝彦のフランス郷土菓子』誠文堂新光社、2014年

河田勝彦『オーボンヴュータン 河田勝彦の菓子—ベーシックは美味しい』柴田書店、2002年

下園昌江、深野ちひろ『フランスの素朴な地方菓子—長く愛されてきたお菓子118のストーリー』マイナビ出版、2017年

ル・コルドン・ブルー『基礎から学ぶフランス地方料理』柴田書店、2010年

藤森二郎『フランスの地方で巡り逢ったパンとお菓子の本格派レシピ』旭屋出版、1999年

玉村豊男『パリのカフェをつくった人々』中央公論新社、1997年

〔インターネット〕　Site officiel du tourisme à Lorient Bretagne Sud
"Le gâteau breton"
https://www.lorientbretagnesudtourisme.fr/fr/immanquables/specialites-recettes/gateau-breton/（参照2024-10-20）

Savourez la Bretagne
"Gourmandises bretonnes - Le gâteau breton"
https://www.savourezlabretagne.com/synagri/gourmandises-bretonnes-le-gateau-breton（参照2024-10-20）

## Saint-Denis Café

Instagram:
@lacreperie_stdenis

### 矢作三郎（Saburo Yahagi）

和歌山県出身。調理専門学校卒業後、フランス料理店にて6年修行する。その後本当のフランス料理に触れたいと思い、23歳のときに渡仏。ブルゴーニュ地方を皮切りにフランス全土を巡り、9軒のレストランにて修行を重ねる。帰国後もシェフとして厨房に立ち、31歳で東京・荻窪に自身のフランス料理店『Abbesses』をオープン。その後恵比寿に移転して人気を博すが、もっと手軽にフランスの味を楽しんでもらいたいと西荻窪にクレープ専門店『LA CRÊPERIE』をオープン。フレンチシェフが作る今までにないクレープの味は瞬く間に話題となる。数年後閑静な三鷹市に移転し、フランス郷土菓子も販売する『Saint-Denis Café』をオープン。地元はもちろん、遠方からも足を運ぶお客様の絶えないお店として愛されている。

### 山崎 晃（Akira Yamazaki）

長野県出身。大学卒業後、就職するが興味のあったお菓子作りの世界に入る。そんな中、矢作氏と出会い、お菓子作りの道を極めていく。現在『Saint-Denis Café』にてフランス菓子を担当して14年、日本では味わえないマニアックなフランス郷土菓子を提供している。

---

シェフが旅して出会った、本当に美味しい
## 素朴なフランス郷土菓子

2024年12月25日　初版第1刷発行

著者　　Saint-Denis Café（サン・ドニ・カフェ）
発行者　　津田淳子
発行所　　株式会社グラフィック社
　　　　　〒102-0073　東京都千代田区九段北1-14-17
　　　　　tel. 03-3263-4318（代表）　03-3263-4579（編集）
　　　　　https://www.graphicsha.co.jp
印刷・製本　TOPPANクロレ株式会社

定価はカバーに表示してあります。
乱丁・落丁本は、小社業務部宛にお送りください。小社送料負担にてお取り替え致します。
著作権法上、本書掲載の写真・図・文の無断転載・借用・複製は禁じられています。
本書のコピー、スキャン、デジタル化等の無断複製は著作権法上の例外を除き禁じられています。
本書を代行業者等の第三者に依頼してスキャンやデジタル化することは、たとえ個人や家庭内での利用であっても著作権法上認められておりません。

© Saint-Denis Café 2024 Printed in Japan
ISBN978-4-7661-3926-6 C2077

装丁 — 高橋 良（chorus）
写真 — 上坂有生
校正 — 合田真子
編集 — 小池洋子（グラフィック社）